U0747490

全国学会办事机构人力资源管理百问

中国科协学会服务中心　编

中国社会出版社

国家一级出版社·全国百佳图书出版单位

编委会

主　任　刘亚东

委　员　（按姓氏拼音排序）

高　竹　何凤秋　刘　欣　任　壮　师晓燕
唐　祯　王冠宇　王振宇　张玮琳　张　文
张欣欣

编写组

主　编　任　壮　张玮琳

副主编　任宏艳　唐　祯

成　员　（按姓氏拼音排序）

曹学勤　常孟涵　高　斌　管小冬　黄佳斌
李　博　刘培培　刘学雅　刘　莹　乔　云
汤亚南　王　枫　王　冠　杨玉洲　周竞赛
张小芳

前　言

党的十八大以来，以习近平同志为核心的党中央立足党和国家事业发展战略全局，把握世界大势和时代潮流，把科技创新摆在国家发展的核心位置，把科技自立自强作为我国现代化建设的战略支撑，深刻阐明了新发展阶段实现我国高水平科技自立自强的一系列重大问题，提出了一系列新思想新观点新论断新要求。党的二十大报告强调，必须坚持强调科技是第一生产力、人才是第一资源、创新是第一动力。这就要求我们改革科技人才培养、发现、使用、评价机制，激发人才创新活力，这样才能建设国家战略人才力量，聚天下英才而用之。

全国学会是科协组织的主体，是凝聚科技人才的重要平台，要加快中国特色一流学会建设，积极推动全国学会办事机构工作人员专业化、职业化建设。人力资源管理作为全国学会内部治理的重要组成部分，是实现学会创新和发展的关键要素；建立具有中国特色并能与时俱进的人力资源管理制度和人才管理服务体系，吸收和培育一批高素质的专职工作队伍，是促进学会健康稳定发展的保障。全国学会办事机构的人力资源管理区别于其他营利性组织，具有其自身的特点，需要从其特殊性出发进行针对性的管理。要做到整合学会办事机构各个岗位成员的潜能与优势，形成强大的向心力、凝聚力，认真把握、研究、解决学会在人力资源管理中出现的新问题、新特点、新情况，加强学会管理工作的目标性、针对性，促进学会运行更为高效、科学。

　　本手册坚持需求导向，从全国学会办事机构在人力资源方面存在的痛点问题入手，梳理知识重点、要点，给出实务小贴士。手册主要聚焦人力资源管理概论、岗位管理、招聘管理、入职管理、培训管理、职业管理、员工考核管理、薪酬管理、福利与社会保障管理、离职管理、制度管理、员工关系管理 12 个方面 156 个问题，围绕全国学会办事机构人力资源管理日常场景，以提问、解答、实务小贴士的形式立体解说，并提供人力资源表单范本 34 个。

　　本手册是中国科协学会服务中心首次对全国学会办事机构人力资源管理知识体系和常见问题进行的系统梳理，从选题、撰写到成册，反复讨论，几易其稿，凝聚了众多专家学者和学会工作者的集体智慧，可作为全国学会办事机构负责人制定、修订和完善人力资源管理制度的辅助参考。由于本手册编写时间紧迫，作者水平有限，内容难免有不足之处，敬请广大读者批评指正，以便不断修订完善。

中国科协学会服务中心

2023 年 9 月

目　录

第一章　人力资源管理概论

1. 什么是人力资源管理

答：人力资源管理是指全国学会办事机构运用科学方法，对与学会存在法定劳动关系的所有劳动者，进行组织、培训、调配和激励，同时对劳动者的思想、行为、心理和行为进行适当的引导，形成事得其人、人事相宜的良好状态，最大限度地发挥劳动者的主观能动性和创造力，以实现全国学会的工作发展目标的管理过程。

实务小贴士：人力资源又称劳动力资源，是指具有民事行为能力，能够通过劳动，推动经济社会运行、发展的所有劳动者的总和。相较于物力、财力、信息、时间等资源，人力资源是最宝贵的资源，又被称为"第一资源"。人力资源通过体力、智力、知识、技能劳动创造经济社会价值。人力资源管理应当遵循"以人为本"的基本理念。

2. 什么是人力资源规划

答：人力资源规划是指全国学会办事机构，根据内外部发展环境和条件的变化情况，基于对全国学会办事机构人力资源数量、类型、作用需求和可能供给途径进行的预测，结合当下实际，进行具有前瞻性的政策、措施安排，从而使全国学会办事机构能够从容、有序进行人力资源的组织、培训、调配、激励的计划过程。

实务小贴士：人力资源规划是各项人力资源管理活动的起点，是基础性管理活动，通常包括需求、供给、平衡三方面内容。通俗地讲，人力资源规划就是根据所在单位的中长期发展战略，结合人力资源现状，制定阶段性管理目标，并确定相应的配套办法措施及进度安排的行为过程。

3. 什么是组织机构管理

答：全国学会办事机构组织机构管理是指其通过设计、建立、保持、优化组织结构，规定部门、岗位设置，明确责权利边际和内部协同机制，以期最大限度提升人力资源管理效能的管理过程。

实务小贴士：组织机构管理是人力资源管理的系统框架，通常包括组织机构设计、运作、评价、调整等几方面内容。可以说，组织机构管理的水平在很大程度上决定了全国学会办事机构人力资源管理的可能水平。组织机构设计不合理，管理就会"事倍功半"。

4. 办事机构有哪些组织形式

答：全国学会办事机构的组织形式是指办事机构人力资源，结合实际效能最大化分工协作的基本形态和基础框架。它表明全国学会办事机构的人力资源构成、内部分工协作及与外部沟通联系的方式，基本确定出内部管理、业务流程与制度规范之间的逻辑关系。

实务小贴士：参照企业的组织机构形态，全国学会办事机构的组织形式可分为三种基本类型：（1）U形垂直管理模式，由办事机构负责人直接进行集中管理和统一指挥，对负责人综合能力水平要求较高，具体包括直线结构、职能结构、直线职能制结构等衍生方式。（2）M形事业部型模式，最大的特点是战略发展决策与业务经营决策分离，按照业务类型等设计半自主的事业部，办事机构负责人致力于全国学会长期发展，监督协调各事业部的活动和评价各部门的绩效。通常包括决策与投资中心、会员服务发展中心、专业化业务发展中心、成本控制中心。（3）矩阵型模式，办事机构按照职能划分的部门与按照业务项目划分的工作域组合起来组成矩阵，办事机构成员接受双重领导，有效克服各部门相互脱节的情况。组织结构是固定的，任务人员是动态调整变动的。H 形组织模式和模拟分权制模式不大适合全国学会办事机构。

5. 如何选择适合的组织形式

答：当全国学会内外部环境复杂多变时，办事机构适合选择相对灵活的 U 形垂直管理模式中的直线职能制结构；当全国学会内外部环境相对比较稳定时，办事机构适合选择向上权力集中、向下强调执行力的 U 形垂直管理模式中的职能结构。当全国学会及其办事机构规模小、业务类型单一时，适合选择 U 形垂直管理模式中的直线结构；当全国学会及其办事机构规模大、业务类型多时，适合选择 M 形事业部型模式或矩阵型模式。

实务小贴士：全国学会办事机构的组织形式是个持续动态的演变优化过程，需要全国学会根据内外部环境变化，不断调整优化部门职能和组织结构，有序推进办事机构管理体系和管理能力现代化。因此，在实践中存在很多介于三种组织形式之间的过渡模式，需要全国学会办事机构结合实际采用、稳中求进。

6. 办事机构一般存在哪些用工方式

答：根据劳动合同法的相关规定，全国学会办事机构可采用三种合法用工方式：全日制用工、非全日制用工和劳务派遣用工。

实务小贴士：在工作实践中，全国学会办事机构会存在挂靠单位委派用工、事业编制用工、关联单位借调用工、退休返聘用工、社会招聘用工、大学生实习用工和志愿服务用工等具体用工方式，也可能存在多种方式并存的情况。

7. 多种用工方式并存导致的管理困惑

答： 当全国学会办事机构存在多种用工方式并存的情形时，由于隶属关系、薪资规定、福利制度上的差异，会导致全国学会办事机构在日常管理、绩效评价、奖惩激励、员工关系等方面存在规则冲突。

实务小贴士： 实际上，很多全国学会办事机构当存在多种用工方式混合并存的情形时，更倾向于通过一段时间尽可能简化办事机构的用工方式及尽可能统一的用工方式，来破解管理困惑。也有一部分全国学会办事机构通过综合运用职级评价、建立基金、部门轮岗、文化建设等方法，化解多种用工方式混合可能带来的矛盾和冲突。

第二章　岗位管理

8. 什么是岗位管理

答：岗位管理是指办事机构以全国学会战略规划、环境因素、员工素质、会员服务、业务发展、技术层级等为基础，通过岗位分析、设计、描述、培训、规划、评价、激励和约束等方法的综合运用，实现对岗位任职人员的过程管理。

实务小贴士：岗位管理是组织管理的向下延伸和具体落实，是全国学会办事机构的重要基础组成部分。通过科学、全面的岗位管理，可以达成尽可能因职择人的管理目标，在全国学会办事机构推动实现劳动者与岗位的最佳契合，进而提高整体工作效率和岗位工作能效。

9. 办事机构岗位管理难点

答：全国学会办事机构多存在人少事多、一人多岗、混编顶岗和工作内容繁多、标准程度不高等现实情况，这就容易导致办事机构部门设置难、岗位描述难、职责管理难、绩效评价难、动态管理难、部门履职难和职业规划难等问题堵点。

实务小贴士：随着全国学会会员规模、业务体量和人员数量从少到多的方针，办事机构也宜对岗位管理从粗到细、岗位分工从混到明、岗位描述从简到繁。或者说，除非全国学会发展到了平台稳定期，否则办事机构部门管理和岗位管理以能够覆盖必要核心工作内容为前提，宜简不宜繁。

10. 什么是岗位体系

答： 全国学会办事机构岗位体系是一种战略性的人力资源管理行为。通过将办事机构中的必要工作岗位和任职人员进行分类，并针对不同岗位分类的特点和需求进行部门划分和岗位组合，构建出能够提升办事机构管理有效性的机构。

实务小贴士： 全国学会办事机构岗位体系的设计通常包括岗位序列划分、岗位层级划分、岗位设置实施、岗位体系描述、岗位体系管理等步骤。其中，岗位序列划分即是部门划分；岗位层级划分可包括职务级别和技术级别划分；岗位设置实施应根据办事机构工作流程和业务特点进行，寻求专业分工与业务效率的动态平衡；岗位体系描述是对每个岗位序列工作性质以及任职资格的共性进行说明，同时，对每个岗位层级的责权利内容及任职资格的共性进行说明，而岗位体系管理主要是针对不同序列的岗位人员制定实施不同的人力资源管理策略，具体体现在招聘、培训、薪酬、考核等各个方面。

11. 岗位体系如何划分

答： 全国学会办事机构的岗位，按照职务级别可划分为高层管理、中层管理、员工管理等层级；按照工作内容可划分为会员管理、业务管理、职能管理等序列；按照专业水平可划分为初级、中级、高级等序列。

实务小贴士： 规模较大的全国学会办事机构的职能管理岗位可进一步划分为行政后勤、财务审计、人力资源、信息支持、分支机构和公共关系序列、国际交流序列。分支机构的管理层级和序列数量划分决定了负责人的管理幅度，直接影响办事机构的工作效率。管理体系划分要重点考虑办事机构的人力资源现状，并为未来管理优化留足空间。

12. 多种用工方式并存时如何构建岗位体系

答：全国学会办事机构要遵循"因事设岗"的基本原则，重点要考虑全国学会发展战略、任职人员数量和管理激励弹性等因素。其中，管理激励约束多的编制内人员适合划入职能岗位序列，管理激励约束少的社会招聘人员适合划入业务岗位序列。

实务小贴士：外部竞争的加剧对全国学会办事机构的组织、反应能力提出了越来越高的要求，过于繁复的岗位体系划分已经不能适应全国学会高质量发展的需要，扁平化管理是办事机构未来发展的主要趋势。

13. 什么是岗位分析

答：岗位分析是对全国学会办事机构各个岗位的设置目的、性质、任务、职责、权利、收益、隶属及其工作条件和环境，结合现有任职人员的知识、技能、业绩、潜力等承担岗位任务应具备的资格条件进行研究、分析，并据此制定岗位规范、工作说明书等人力资源管理文件的过程。

实务小贴士：岗位分析是全国学会办事机构人力资源管理的基础，岗位分析的质量对其他人力资源管理工作内容具有决定性基础作用。岗位分析有助于实现工作绩效的量化管理。岗位分析应主要解决以下问题：（1）工作内容；（2）工作主体；（3）工作时间；（4）工作场景；（5）工作方法；（6）工作动因。

14. 岗位分析有哪些方法

答：全国学会办事机构进行岗位分析时，可采用以下方法中的一种或几种：（1）访谈法，需要事先拟定访谈提纲，对员工本人和上下级进行访谈；（2）调查法，通过发放调查问卷及对调查结果的分析，获得分析依据；（3）观察法，对员工的工作状态、内容、成效及协同状况进行观察，发现关键问题和找到决策依据；（4）日志法，通过员工定期提交的日志信息，分类总结出岗位特点和工作内容；（5）事件法，根据对工作事项和工作任务的描述，确定影响员工绩效的关键事件，整合出岗位要求；（6）参与法，负责人通过轮岗或参与，体验了解工作岗位内容和要求。

实务小贴士：当全国学会办事机构存在以下几种情形之一时，应当重新进行岗位分析：（1）员工对本岗位的职责和要求不清楚；（2）岗位说明书虽然清楚明确，但现任职员工能力不匹配，执行效果较差；（3）内部经常出现推诿扯皮、决策困难等情况；（4）招聘员工、开展培训、优化薪酬或绩效考核时，欠缺明确依据；（5）新业务、新技术的出现导致工作流程改变。

15. 如何进行岗位设置

答：全国学会办事机构的岗位定编是指根据全国学会运行发展的目标落实，对员工能力和岗位数量进行匹配的过程。定岗定编是全国学会办事机构岗位管理的一项基本工作。定岗指明确办事机构所需要的岗位；定编指明确办事机构需要多少合适的任职人员。

实务小贴士：办事机构岗位定编和定员是一种科学的人力资源规划标准。主要应根据全国学会当下及未来的工作内容、业务规模和发展方向，在一定的时间阶段和一定的工作条件下，遵循机构精简、效率提升、绩效达标的原则，确定各类岗位及其人员必须配备的数量和要求。在定岗定编的同时一般还需要定责定制。

16. 如何编写岗位说明书

答：岗位说明又称为岗位描述。岗位说明书是指全国学会办事机构用书面形式对岗位体系中各岗位的工作性质、工作任务、工作职责与工作环境所作出的标准化统一要求。

实务小贴士：一个完整的岗位说明书必须明确本岗位工作区别于其他工作岗位的关键信息。包括本岗位是什么、为何做、做什么、何时做、在哪做和对谁负责、技能要求、权责边际及衡量标准的清晰描述。为全国学会办事机构的招聘、考核和培训提供书面依据。

17. 如何进行岗位资料分析

答：对于全国学会办事机构通过适当方法搜集、整理的岗位信息资料，遵循系统性、动态性、目的性、经济性、职位性、应用性原则，进行系统分析与研究，据此得出的规律性分类信息，作为编写岗位说明书等人力资源管理文件的主要依据。

实务小贴士：岗位分析通常包括筹划准备、信息搜集、资料分析、结果完成、应用反馈等五个阶段。其中，筹划准备阶段包括确定分析目的、制订分析计划、组织分析小组、选择分析对象等内容；信息搜集阶段包括收集背景资料、确定信息类型、选择搜集方法、沟通搜集对象等内容；资料分析阶段包括审查工作信息、分析工作信息等内容；结果完成阶段包括征求各方意见、修订完善优化、形成分析报告等内容；应用反馈阶段包括跟踪实施过程、统计反馈意见、形成管理意见等内容。

18. 如何进行岗位面谈

答：全国学会办事机构根据岗位分析需求，结合面谈提纲，对不同岗位对象进行访谈，搜集必要岗位信息的过程。岗位面谈包括封闭式、开放式、假设式、问答式、专业式、要求式等形式。

实务小贴士：岗位面谈要遵循目的相关、表达清楚、直接明确、范围适当、保护隐私、上位配合、融洽氛围、避免争论、包容倾听、顺序排列等基本原则。岗位面谈对访谈者的能力、素质、技巧要求较高，如能力不足、方法不当，会直接影响岗位信息的搜集质量。

19. 如何构建岗位胜任能力模型

答：岗位胜任能力模型也称为核心能力模型。在人力资源管理学范畴内，全国学会办事机构员工胜任岗位的核心能力包括以不同方式表现出来的知识储备、实务技能、职业素养、自我认知、特质动机等的集合。员工能否胜任岗位实现工作目标，主要取决于员工的"能力"与"意愿"两方面因素，而岗位胜任能力模型构建就是研究确定如何评估员工岗位应具备的必要"能力"的逻辑规则。岗位胜任能力模型要能够与岗位绩效密切相关，能够与工作场景动态联系，能够深度描述共性能力特征、能够作为区分任职优劣标准。

实务小贴士：全国学会办事机构员工的知识、技能、品质的结合是其开展本岗位工作胜任能力的基础。为此就需要建立健全岗位核心能力库、基本能力库和专业能力库。其中，核心能力是办事机构全体员工必须具备的价值观和工作信念；基本能力包括管理团队需要的领导能力和完成各项工作需要的通用知识技能；专业能力是岗位员工提供业务产品或服务所需的知识与技能。办事机构负责人可以根据能力库的条目，提炼出各岗位的核心能力模型，辅助以模型人员适应性评测比对，从而得出各岗位的胜任力模型。也可以采用下述相对简单的岗位胜任能力设计流程：（1）选定建模岗位；（2）选择绩优人员；（3）收集岗位信息；（4）确定工作内容；（5）定义岗位能力；（6）确定胜任模型。

20. 办事机构负责人的关键胜任条件

答：在全国学会办事机构负责人的岗位胜任能力模型中，核心在于其领导能力的界定。具体包括：督导能力、正向影响能力、预期应对能力、决策能力、倾听与反应能力、内部活动能力、项目管理能力、主动工作能力、自我激励能力、展望规划能力和团队建设能力等条件。

实务小贴士：按照决定工作胜任能力的基础条件分类，办事机构负责人应具备社团规范管理、财务管理、会员管理、产品管理、风险管理等方面的必要知识；应具备组织领导、团队建设、战略管理、系统思考、协调沟通、科学决策等方面的必要能力；应具备政治觉悟、公益精神、成就导向、职业素养和法治意识等方面的必要品质。

21. 部门负责人胜任的关键条件

答：在全国学会办事机构部门负责人岗位胜任模型中，关键是要结合具体部门的职责划分和描述，明确负责人须具备的偏重于执行的专业知识、能力和技巧条件。

实务小贴士：按照决定工作胜任行为的基础条件分类，以办事机构办公室/综合部负责人为例，应具备全国学会规划、产品服务、行政管理、公共关系等知识要求；具备应变能力、决策能力、沟通能力、档案管理能力、关注细节能力、文案协作能力、系统思考能力和行政事务能力等技能条件；具备敬业精神、全局观念、协作能力、责任意识和主动态度等品质条件。如办公室/综合部除承担会员管理职责之外，还需要具备体系发展会员、联系会员、服务会员的能力。

22. 如何进行岗位评价

答：岗位评价是指全国学会办事机构通过系统测评技术，确定某一岗位人员对单位的贡献程度及其在薪酬体系中所占位置的评价过程。岗位评价以该岗位在办事机构整个工作过程中相对重要程度为主要标准，以该岗位对任职人员的系统分析和对照为依据，而不仅仅考虑现职人员的工作能力和工作表现。

实务小贴士：岗位评价又称职务评价或工作评价，是对办事机构各岗位相对价值作出评定的依据，并作为薪酬分配特别是弹性部分薪酬分配的重要依据。主要是在岗位分析的基础上，对办事机构所设岗位需要承担的责任大小、工作强度、难易程度、所需资格等条件进行综合评价，进而确定办事机构薪资结构的过程。岗位评价通常可选择或组合采用排列法、分类法、评分法和因素比较法。

23. 如何处理"一人多岗"情形

答："一人多岗"是全国学会办事机构要求任职员工，通过培训和实践，能够同时掌握多个岗位的知识、技能，并胜任多个岗位要求的情形。只要不违反法律法规的强制性规定，可以由员工与全国学会办事机构协商确定，并明确体现在劳动合同中。

实务小贴士：全国学会办事机构在提出"一人多岗"要求时，既要考虑多个岗位的近似属性和关联内容，又要重点考虑具体劳动者的综合胜任能力。相较于"一人多岗"的小众性，全国学会办事机构更宜广泛推行"一专多能"的工作要求。

24. "岗位轮换"的利与弊

答：岗位轮换是指全国学会办事机构有计划地按照一定期限，让重点培养的现职人员轮换履行不同岗位的做法。通过岗位轮换有利于考察轮岗人员的适应性和提升轮岗人员的工作能力，进而实现在职训练、工作激励和培养人才的管理目的。但岗位轮换不利于员工系统掌握某些复杂的专业技术，不利于传承和创新长期积累的经验，不利于轮岗人员追求长期绩效目标和长期发展。

实务小贴士：全国学会办事机构推行岗位轮换要遵循目标指向、用人所长、自主自愿、有序流动和时间限定等原则。岗位轮换可以实现增进理解、培养人才、激励员工、避免僵化、防止腐败等积极作用。岗位轮换通常面向办事机构的优秀中层管理人员和基层人员，为其职务晋升和承担更多责任打下专业实践基础。全国学会办事机构推行岗位轮换要避免出现程序混乱、过于频繁、偏重管理、缺乏统筹和忽略评估等情形。

25. "内部竞争上岗"的适用条件

答：竞争上岗主要适用于全国学会办事机构选拔任用主要负责人和部门负责人。涉及安全保密的职位或者按照法律法规不宜公开竞争的职位，不应列入竞争上岗的范围。

实务小贴士：当全国学会办事机构的任职人员数量多，存在多个能力、素质、业绩、资历水平接近的候选人员时，方适合实行内部竞争上岗方式。竞争上岗通常包括制订公布方案、报名资格审查、组织笔试面试、民主测评考察、领导讨论决定、办理任职手续等流程。

第三章 招聘管理

26. 什么是招聘管理

答： 招聘管理是全国学会办事机构根据人力资源规划，结合实际岗位需求，开展人员招聘、选拔、录用、评估等的一系列活动，并进行科学计划、组织、指挥和控制的过程。

实务小贴士： 招聘管理是通过对招聘工作的计划、组织、实施和优化，以达成全国学会办事机构招聘目标的系列管理行为。招聘管理须服务于全国学会办事机构的人力资源战略，为办事机构实现高绩效均衡的人才供给。其中，招聘是指当办事机构出现人力资源需求后，借助一定的渠道吸引或寻找具备任职资格的适合者，并采取科学适用的方法从中甄选和确定合适的候选者予以聘用的工作过程。

27. 招聘管理的要点有哪些

答： 招聘管理应考虑招聘成本、招聘质量、招聘赋能三大要素。招聘管理要遵循公开性、合法性、真实性、全面性、适合性、效益性、兼顾性、竞争性等原则。

实务小贴士： 招聘管理能够实现吸引人才、储备人才、补充人才、调节人才的作用。在此过程中，应当：（1）加强全国学会形象宣传；（2）甄别淘汰不忠诚和欠缺诚意者；（3）注意求职者的个人特征和生活状态；（4）根据岗位说明书和岗位绩效标准制订招聘方案；（5）可以考虑优先采取内部招聘；（6）不应随意降低对工作经验和知识技能的要求，确保录用者具有较强的工作责任和较大的发展潜力；（7）根据招聘成效，动态调整招聘方案；（8）根据岗位胜任力模型，对招聘岗位进行比较分析，提交书面招聘报告。

28. 如何制订招聘计划

答： 招聘计划是全国学会办事机构人力资源管理部门根据增员申请，结合办事机构的人力资源规划和岗位说明书，明确一定时期内需要招聘的人员职位、人员数量、任职资质等因素，制订的具体招聘执行方案。

实务小贴士： 招聘计划应结合内部培养和人才引进的可能。招聘计划通常包括以下内容：（1）增员需求清单；（2）招聘需求发布的时间和渠道；（3）招聘小组的组建；（4）应聘考核方案；（5）招聘截止日期；（6）入职者上岗时间；（7）招聘预算；（8）招聘任务时间表；（9）招聘通知。

29. 如何选择招聘渠道

答： 招聘渠道即全国学会办事机构拥有的可信人才来源渠道。通常分为内部招聘渠道和外部招聘渠道。其中，内部招聘包括：内部竞聘、内部推荐、直接任命、内部调岗、内部轮岗、退休返聘等渠道。外部招聘包括：校园招聘、网络招聘、猎头推荐、新媒体、传统媒体、人才市场等渠道。

实务小贴士： 全国学会办事机构选择招聘渠道，要基于对可能渠道可提供简历数量、有效简历数量、筛选通过简历数量、面试邀约数量、面试到场数量、初次面试通过数量、复试通过数量、录用人数、报到人数、试用期通过人数等数据及单位招聘成本、周期的综合评判，最终以如期圆满完成办事机构招聘任务为前提，选择招聘效能最高的一种或几种渠道。对处于不同发展阶段的全国学会，所选择的内外部招聘渠道的人才来源比重不同。

30. 如何进行简历筛选

答：简历筛选是指全国学会办事机构人力资源管理者按照招聘岗位需求说明书，采取科学的方法，筛选出符合度高且可能参加面试的求职者简历的工作过程。进行简历筛选须事先确定筛选标准，具体可包括硬性条件、胜任权重条件和补充加分条件等。

实务小贴士：简历筛选通常包括准备、初选和复选三个阶段。其中，准备阶段应吃透岗位要求、做到人职匹配、把握需求倾向；初选阶段应查看基本信息、列出筛选条件、排除不符合简历和逐一分出合格、合适、匹配简历；复选阶段应重点考虑求职者工作经历、专业深度、离职频率、求职原因、空档时长、匹配程度、行业跨度、成效经验、薪酬要求和到岗时间等信息，确定最终通知面试的求职者简历。

31. 如何进行背景调查

答：背景调查又称为简历信息核查或过往经历咨证，是指全国学会办事机构通过向拟录用人之前任职的单位、接受教育培训的机构或有工作交集的关联人等对象，对拟录用人填报的简历信息和提供的证明材料，核实其完整性、真实性、有效性的工作过程。背景调查可以由办事机构开展，也可委托专门机构开展。

实务小贴士：背景调查的内容主要是拟录用人与应聘岗位密切相关的工作、学习经历，通常包括时间、岗位、业绩、职责、经历、薪资以及关联人评价等。全国学会办事机构通过有效的背景调查可以规避胜任力风险、法律纠纷风险、职业操守风险和招聘成本风险等。办事机构开展背景调查应遵循以下原则：（1）被调查人授权；（2）不涉及未离职单位；（3）不涉及个人隐私；

（4）客观记录；（5）允许被调查人申辩；（6）调查信息保密。办事机构应对不同验证渠道的结果进行交叉核验。

32. 如何进行面试

答：面试是全国学会办事机构在事前约定的时间和方式，与应聘者进行的书面、当面或线上的双向交流过程。面试者以交谈和观察为主要手段，研判应聘者的求职动机和工作期望，评价应聘者的知识、技能、素养是否能够满足招聘岗位需求程度的工作过程。

实务小贴士：办事机构根据招聘的内容与要求，可以相应采用问题式、专场式、压力式、随意式、情景式或综合式的面试方式。面试通常包括准备、实施、总结三个阶段。其中，准备阶段包括制定面试指南、准备面试问题、选定面试方式和考官预先交流等工作内容；实施阶段可通过封闭性问题建立关系、开放式问题导入情景、行为式问题直奔主题、目标式问题确认结果和展望式问题结束面试；总结阶段包括面试情况评估、获得面试反馈、存储面试资料等工作内容。办事机构在进行面试情况评估时，应遵循重要性、新近性、相关性、一致性等原则。

33. 如何提高面试赴约率

答：面试赴约率又称为邀请面试到场率。赴约率是指全国学会办事机构通过简历筛选和背景调查都符合的应聘者进行面试后，应聘者按约定到场参加面试的比率。提高面试赴约率主要取决于人力资源管理者的专业素养和沟通技巧。

实务小贴士：全国学会办事机构要提高面试赴约率，应当：（1）沟通前充分准备。明确全国学会办事机构相较于其他单位在薪资待遇、员工福利、晋升空间等方面的优势，同时对沟通中可能提及的薪酬等"敏感"问题，要完善话术，做好"让步"准备。

（2）选择恰当的沟通时间。对于主动投递简历者，可在上午11：00和下午17：00两个时段沟通；对于被动应聘者，尽可能在下午进行沟通，而且要首先询问对方是否方便沟通。（3）遵照邀请面试的一般流程。可按照询问时机、简介全国学会、说明来源、明确岗位、称赞经历、倾听意见、选择时间、重复约定、表达期望的顺序。（4）首次沟通后的强化工作。通常包括发送面试通知、事前赴约提醒、异常天气关心等内容。

34. 如何进行社会招聘的薪酬谈判

答：全国学会办事机构与拟聘用者在现行薪酬体系框架下，围绕拟聘用者的具体薪酬待遇进行磋商和妥协的过程。薪酬谈判的主要目的是通过恰当的谈判技巧，合理地降低拟聘用者的薪酬期望，以降低聘用岗位的综合用工成本。

实务小贴士：全国学会办事机构与拟聘用者进行薪酬谈判应注意以下要点：（1）摸清期望。可从询问其现在的薪酬水平和薪酬结构入手。（2）回应期望。可从近似或相同岗位的薪酬实际案例彰显底气和明确要求。（3）适当施压。根据前期沟通确定的薪酬底线，尽快锁定薪资具体区间；可以辅助以要求对方提供工资条等薪酬证明，拆分原所在单位薪酬结构，明确告知薪酬体系和激励原则，转移对薪酬的注意力关注等手段。（4）分类施策。可采取针对学习型讲机会、事业型讲平台、收入型讲福利、成就型讲弹性等措施。（5）聚焦说服。根据全国学会办事机构的比较优势结合应聘者的弱势进行重点沟通。多用比例和结构内容，避免具体数据内容。（6）强势结束。明确提出应聘者的答复时限，配合以时间提醒，尽可能促成到岗签约的结果。

35. 案例面试的考察要点是什么

答：案例面试通常是指全国学会办事机构在面试过程中，通过描述一个具体业务场景，要求被面试者在限定时间内提出意见建议或出具方案提纲的工作方式。案例面试主要应当考察被面试者的工作经历、临场反应、知识积累、独立思考、解决问题的能力，通常适用于外部联系、沟通较多的岗位。

实务小贴士：案例面试中的具体业务场景可以是真实事件，也可以是虚拟问题。具体的案例形式可以是命题式的开放案例、引导式的多重案例或书面式的分析案例等。被面试者提问的关键性、思路的逻辑性、内容的专业性、统筹的合理性是综合考察要点，用以研判被面试者是否具有独当一面的能力。

36. 面试的经典问题有哪些

答：全国学会办事机构在面试过程中向应聘者提出的问题，应当坚持目标指向、需求导向，一方面要起到核实核验简历信息和背景资料的作用，另一方面要进一步了解把握应聘者的期望、规划、能力和潜力。当然，取得优势、促成上岗是最终目标。

实务小贴士：比较典型的通用问题有：（1）请概要介绍一下您应聘该岗位的优势和短板。（2）请简单陈述一下您对我单位的了解。（3）您未来5年的学习计划和职业规划是怎样的。（4）请您对原任职单位及岗位业绩做一下简要介绍。（5）请讲解一下原任职单位的薪酬结构和您认为激励效果比较好的规定。（6）请介绍一下您认为最典型的工作案例。（7）请介绍一下您的个人爱好。（8）您如何评价您的前任直接领导。（9）您重新选择就业的最主要原因是什么。（10）您对加班持有怎样的态度。（11）如果实际薪资低于您的期望，您将如何选择。（12）您还有哪些方面需要进一步了解的。

37. 招聘"专业偏才"还是"模范全才"

答：全国学会办事机构在招聘时，更倾向于"专业偏才"还是"模范全才",是一种基于办事机构的招聘目的、迫切问题和岗位特质的选择。通常"专业偏才"更需要团队的包容,"模范全才"更需要特质和平台。

实务小贴士:"专业偏才"更适合办事机构的专业技术岗位,如学术、财务、信息等;"模范全才"更适合办事机构的人际业务岗位,如会员、业务、办公室等。现在的社会其实更需要人格健全的"偏才"个人和能力全面的"全才"团队。如办事机构有迫切需要解决的问题或希望通过创新来突围,就可能需要"偏执"的人才,这就需要负责人具有强大的包容力和协调力。

38. 如何对待应聘者的能力和潜力

答:全国学会办事机构在对应聘者的现实价值进行评价时,需要综合考虑其能力、意愿、岗位匹配度和任职稳定性等因素;而对应聘者的未来价值进行评价时,需要综合考虑其潜力、背景、三观一致性和目标认同性等因素。

实务小贴士:全国学会办事机构评价应聘者的能力,主要通过考察其过往任职、绩效、案例和试用期任务的独立完成度;评价应聘者的潜力,主要通过考察其知识储备、社会认知、经历见识和试用期工作的快速学习力。就短期来看,能力强的应聘者"上手快",只要岗位匹配度高和薪酬激励适当,就能够很快有价值回报,招聘风险较小;但从长期来看,如果能够顺利、充分激发员工的潜力,就可能会带来增值的超预期价值回报,综合回报率较高。

39. "空降"中高级管理人员的注意事项

答:所谓"空降"是指全国学会办事机构通过招聘、推荐或委派,由"新人"直接担任中高级管理人员的情况。"空降"顺利则会节约早期人才培养成本,"新人"还可能带来新的思维经验模式并能够坚决贯彻负责人的改革意图。但如果"空降"人员未能顺利融入现有团队、不完全认同全国学会目标规划或其薪资待遇过度"特殊化"，很有可能适得其反，给办事机构带来伤害。

　　实务小贴士："外来的和尚能否念好经"通常取决于两方面因素。一方面是"空降"人员的待人接物和快速融入能力，这需要其迅速了解全国学会办事机构现状、与上级领导建立默契和创造出可衡量的独特价值；另一方面是办事机构负责人的驾驭统筹能力，这需要负责人在组织、任务、待遇等方面为"空降"人员营造良性氛围，尽可能降低"排异反应"的危害性。通常，不是十分必要，不建议在现有组织框架下"空降"中高级管理人员，除非做好了通过外部力量"刮骨疗伤"的充分准备，或在新的业务方向上有承担创新失败风险的底气底蕴。

第四章 入职管理

40. 什么是入职管理

答：入职管理是指全国学会办事机构通过让新入职员工系统了解全国学会发展规划、宗旨文化、组织架构、部门职能、岗位职责和管理制度等必要信息，促进新入职员工尽快融入办事机构工作体系，提高新入职人员对全国学会的认同感，尽快在任职岗位发挥作用的过程。

实务小贴士：全国学会办事机构的入职管理重点包括以下内容：（1）资料归档。要求新入职员工按要求提交学历、简历、资质、证件、照片、体检报告和签订的劳动合同等必要的人事存档资料。（2）岗位沟通。通过专题介绍、负责人见面等方式，让新入职员工尽快熟悉部门职能、岗位职责和管理关系。（3）入职培训。通过系统培训，让新入职员工尽快了解全国学会的通用知识，如发展规划、服务体系、规范标准和规章制度等。（4）专人指导。协调部门负责人，按照管理关系指定专人引导新入职员工熟悉工作流程和安排工作任务。

41. 办理新员工入职应当注意哪些事项

答：办事机构为新员工办理入职手续，通常就意味着该员工与全国学会建立了劳动法律关系，也是该员工开始承担具体工作的起点。为此，全国学会办事机构要特别注意：（1）入职登记应详细；（2）告知义务应全面；（3）合同签订应及时；（4）健康体检应严格；（5）录用条件应明确。

实务小贴士： 全国学会办事机构应要求新入职员工准确、详尽填写《入职登记表》；应向新入职员工如实告知其工作内容、工作条件、工作地点、职业危害、安全生产状况、劳动报酬等情况，以及新入职员工要求了解的其他情况，避免劳动合同无效；应按照法律规定及时与新入职员工签订劳动合同，避免承担赔偿双倍工资的法律风险；应在录用条件中约定新入职员工不得患有精神疾病或按国家法律法规规定应禁止工作的传染病等；应通过劳动合同、员工手册或专门的试用期条件与新入职员工办理明确的录用条件确认手续；应同步更新《通讯录》。还可同时选择使用配套《岗位说明书》《岗位和薪酬沟通函》《录用条件确认书》等文件，进一步明确录用条件。

42. 签订劳动合同需要注意哪些事项

答： 全国学会办事机构在与新聘用员工签订劳动合同时，劳动合同内容的完整性、明确性和合法性至关重要。除去劳动合同的必备条款外，办事机构还可以在劳动合同中约定试用期、服务期、保守秘密、补充保险和福利待遇等其他事项。但约定事项不能违反法律、行政法规的强制性规定，否则该约定无效。

实务小贴士： 办事机构应在自用工之日起一个月内与新入职员工签订书面劳动合同。劳动合同期限三个月以上不满一年的，试用期不得超过一个月；劳动合同期限一年以上不满三年的，试用期不得超过二个月；三年以上固定期限和无固定期限的劳动合同，试用期不得超过六个月。同一用人单位与同一劳动者只能约定一次试用期。以完成一定工作任务为期限的劳动合同或者劳动合同期限不满三个月的，不得约定试用期。办事机构应在劳动合同生效后，交予新入职员工一份原件。办事机构不得扣押新入职员工居民身份证和其他证件，不得要求其提供担保或以其他名义收取财物。

43. 单方变更劳动合同是否有效

答： 按照相关法律规定，只有全国学会办事机构与在职员工协商一致的情况下，才可以变更劳动合同。因此，全国学会或员工都不能单方面变更劳动合同。

实务小贴士： 员工有下列情形之一的，全国学会可单方面解除劳动合同：（1）员工在试用期间被证明不符合录用条件的；（2）严重违反全国学会办事机构内部规章制度的；（3）严重失职，营私舞弊，给全国学会造成重大损害的；（4）员工同时与其他用人单位建立劳动关系，对完成全国学会的工作任务造成严重影响，或者经办事机构提出，拒不改正的；（5）存在法定导致劳动合同无效或部分无效的情形；（6）员工被依法追究刑事责任的。

44. 单独签订试用期合同是否有效

答： 根据相关法律规定，试用期应包含在劳动合同期限内。劳动合同仅约定试用期的，试用期不成立，该期限为劳动合同期限。全国学会办事机构与新入职员工只签订试用期合同而不签订劳动合同的，试用期合同是没有效力的。

实务小贴士： 全国学会办事机构在新入职员工试用期内可能出现的问题有：未签订劳动合同、劳动合同内容违规、未予购买社会保险、试用期限超期限、单方面延长试用期、试用期工资低于法定标准或录用条件不明确等。办事机构确有必要就试用期内的工作内容、录用条件等与新入职员工进行详细约定的，可采用签订劳动合同补充协议的方式或将相关文件作为劳动合同的附件。全国学会办事机构要延长试用期，须与该员工协商一致，且不得超过劳动合同法约定的最长试用期范围。新入职员工在试用期的工资不得低于办事机构相同岗位最低档工资或者劳动合同约定工资的 80%，并不得低于办事机构所在地的最低工资标准。

45. 离职员工再入职是否还能约定试用期

答：根据相关法律的规定，同一用人单位与同一劳动者只能约定一次试用期，且试用期最长不超过 6 个月。

实务小贴士：如果全国学会办事机构与该再入职员工之前签订的劳动合同中约定了试用期且履行完毕的，离职后再入职的员工不应再约定试用期。如果之前的劳动合同中未约定过试用期，则员工再入职时可以按照法律规定约定试用期。

46. 如何约定转正条件

答：转正条件是指全国学会办事机构在与新聘用员工签订劳动合同和办理入职手续前，根据相关法律法规和内部规章制度协商一致确定的试用"合格"条件，作为试用期提前、如期、延展和是否正式聘用的明确条件。

实务小贴士：现行法律虽然对试用期作出了规定，但对转正没有明确规定，员工是否转正主要取决于全国学会办事机构与试用员工在先约定的转正条件是否达成。转正的条件通常包括：（1）新员工培训合格；（2）部门上岗辅导考核；（3）通过岗位胜任考核；（4）未违反内部规章制度；（5）直接上级或分管领导同意。新员工入职时，可向其发放《试用期员工月度工作报告表》作为辅助管理工具。

47. 如何界定试用期"考核不合格"

答：考核不合格是指全国学会办事机构根据事先约定的"转正"即试用期"合格"条件，在试用期期间或届满时，通过工作考核，判定试用员工不能胜任任职岗位，即不能实现招聘目的的结论。

实务小贴士：全国学会办事机构可以根据"考核不合格"的结论，在试用期期间或届满时，解除与该员工的劳动合同。为此，全国学会办事机构需要有充足的证据来证明"不合格"，否则就可能承担不利的法律责任。通常考核内容包括：（1）道德品质；（2）工作态度；（3）工作能力；（4）工作成效；（5）身体状况；（6）团队关系。工作成效可结合绩效评价指标特别是该员工任职岗位的胜任力模型，尽可能量化或者可描述、可衡量。全国学会办事机构对于"考核不合格"的员工，如还有面谈、再培训、调岗的举措，就能够完全规避法律风险。此外，如果全国学会办事机构根据"考核不合格"，与试用期员工解除劳动合同，还应提前通知该员工。

48. 签订非全日制用工劳动合同需要注意哪些事项

答：非全日制用工是指全国学会办事机构与劳动者以小时为单位建立劳动合同和计酬的用工形式。劳动者可与不止一家单位签订非全日制用工劳动合同，除非另有约定。

实务小贴士：全国学会办事机构与劳动者签订非全日制用工劳动合同不是必须采取书面形式，可以采取口头协议的方式。非全日制用工不得与劳动者约定试用期；非全日制用工双方的任一方都可以随时通知对方终止合同，且全国学会办事机构不必向劳动者支付经济补偿。非全日制用工小时计酬标准不得低于全国学会办事机构所在地政府规定的最低小时工资标准；非全日制用工劳动报酬的结算支付周期最长不得超过15日。

49. 什么是劳务派遣

答：劳务派遣是指劳务派遣单位与劳动者签订劳动合同建立劳动关系，并按照劳务派遣单位与全国学会办事机构签订劳务派遣合同中的约定，将满足工作要求的劳动者派遣到办事机构，听从办事机构的指挥、管理和监督开展工作的用工形式。劳务派遣单位应当履行用人单位对劳动者的义务。劳务派遣单位应当与被派遣劳动者订立二年以上的固定期限劳动合同，按月支付劳动报酬；被派遣劳动者在无工作期间，劳务派遣单位应当按照所在地人民政府规定的最低工资标准，向其按月支付报酬。

实务小贴士：全国学会办事机构应当与劳务派遣单位签订劳务派遣协议，约定派遣岗位、人员数量、派遣期限、劳动报酬、社会保险费的数额与支付方式以及违反协议的责任。全国学会办事机构应当根据工作岗位的实际需要与劳务派遣单位确定派遣期限，不得将连续用工期限分割订立数个短期劳务派遣协议。全国学会办事机构应当履行下列义务：（1）执行国家劳动标准，提供相应的劳动条件和劳动保护；（2）告知被派遣劳动者的工作要求和劳动报酬；（3）支付加班费、绩效奖金，提供与工作岗位相关的福利待遇；（4）对在岗被派遣劳动者进行工作岗位所必需的培训；（5）连续用工的，实行正常的工资调整机制。全国学会办事机构不得将被派遣劳动者再派遣到其他用人单位。被派遣劳动者享有与全国学会办事机构的员工同工同酬的权利。劳务派遣用工是补充形式，只能在临时性、辅助性或者替代性的工作岗位上实施。其中，临时性工作岗位是指存续时间不超过6个月的岗位；辅助性工作岗位是指为主营业务岗位提供服务的非主营业务岗位；替代性工作岗位是指办事机构的员工因脱产学习、休假等原因无法工作的一定期间内，可以由其他劳动者替代工作的岗位。全国学会办事机构应当严格控制劳务派遣用工数量，不得超过其用工总量的一定比例。全国学会不得设立劳务派遣单位，向本学会办事机构或者所属单位派遣劳动者。

50. 劳务派遣与劳务外包的区别

答：劳务外包是指全国学会办事机构将部分工作或全部工作外

包给一个外部单位来完成。实践中，办事机构可以将技术性和事务性工作进行外包。

实务小贴士：劳务派遣与劳务外包主要有以下区别：（1）适用法律不同。劳务派遣适用劳动合同法；劳务外包适用民法典合同编。（2）相对主体不同。劳务外包的全国学会相对方可以是个人、法人或其他实体组织；劳务派遣的全国学会相对方必须是依法设立的劳务派遣单位。（3）管理关系不同。全国学会办事机构对劳务外包单位的员工不进行直接管理，而是由外包单位直接安排；劳务派遣员工须接受全国学会办事机构的管理。（4）合同标的不同。劳务外包合同的标的是"事"，劳动派遣协议的标的是劳动者。（5）法律责任不同。全国学会办事机构对劳务外包员工基本不会承担法律责任；对劳务派遣员工，如办事机构给劳动者造成损害的，全国学会与劳务派遣单位承担连带赔偿责任。全国学会办事机构签订合同时应明确合同种类，并明确约定管理责任主体和费用结算方式。

51. 聘用退役军人需要注意哪些事项

答：退役的军人符合劳动合同法对于"劳动者"的规定，能够与全国学会建立劳动关系，适用劳动法和劳动合同法的规定。

实务小贴士：退役军人分为政府安排就业与自主就业两种。自主就业的退役军人相当于普通劳动者；而由政府安排就业的退役军人则享有特殊待遇。依据《中华人民共和国退役军人保障法》《退役士兵安置条例》的规定，全国学会办事机构聘用退役军人时需注意以下事项：（1）接收安置的全国学会办事机构应与安排工作的退役军人依法签订期限不少于3年的劳动合同或者聘用合同，军龄10年以上的应当签订无固定期限劳动合同。（2）由政府安排工作的退役军人，服现役年限和符合《退役士兵安置条例》规定的待安排工作时间计算为工龄，与全国学会工作年限累积计算，享受全国学会办事机构同等条件人员的工资、福利待遇。（3）非因退役军人本人原因，全国学会办事机构未按照规定安排退役军人上岗的，应当从所在地人民政府退役军人安置工作主管部门开出介绍信的当月起，按照不低于办事机构同等条件人员平均工资80%的标准逐月发给退役军人生活费至其上岗为止。（4）对安排工作的残疾退役军人，全国学会办事机构不得因其残疾与其解除劳动关系或者人事关系。安排工作的因战、因公致残退役军人，享受与全国学会办事机构工伤人员同等的生活福利和医疗待遇。如果全国学会办事机构出现如下情形，不仅需要承担《中华人民共和国劳动合同法》所规定的责任，还需承担《中华人民共和国退役军人保障法》《退役士兵安置条例》规定的特殊行政责任：（1）拒绝或者无故拖延执行政府下达的安排退役军人工作任务的；（2）未依法与退役军人签订劳动合同、聘用合同的；（3）与残疾退役军人解除劳动关系或者人事关系的。

52. 如何约定员工保密义务

答：员工保密义务专指全国学会办事机构通过签署法律文书和遵照制度规定等方法，要求关键岗位的员工对全国学会商业秘密、专有技术承担的约定保密义务。

实务小贴士：全国学会需要保密的内容指不为公众所知悉，能为全国学会带来经济社会效益、具有实用性并经全国学会办事机构采取保密措施加以限制的技术信息和经营信息。通常包括发展规划、会员信息、财务数据、原创内容、服务策略、投标资料和管理诀窍等。办事机构应当制定要求员工保守全国学会商业秘密的内部规章制度，对秘密范围、种类、密级、保密期限、保密方式及泄密后的管理责任和法律责任作出明确规定。办事机构可以通过与员工协商，在劳动合同中单独约定保密条款或单独签署保密协议，约定保密义务。

53. 如何约定竞业限制

答：按照相关法律规定，竞业限制是指熟悉全国学会商业秘密的特定岗位的员工，与全国学会的劳动合同终止或解除后，在一定期限内不能在与全国学会具有竞争关系的新用人单位任职，也不得自己开展与全国学会具有竞争关系的业务经营活动。

实务小贴士：全国学会办事机构约定竞业限制的对象限于全国学会办事机构的高级管理人员、高级技术人员和其他负有保密义务的员工。仅就办事机构而言，"高级管理人员"可包括秘书长、副秘书长、财务负责人、办公室负责人等和在全国学会章程中规定的其他人员；"高级技术人员"和"其他负有保密义务的人员"，办事机构应在规章制度特别是保密制度中予以明确规定，作为裁判机构的重要参考。竞业限制的区域范围办事机构可与相关人员约定；竞业限制的时间也可由双方约定，但最长不超过两年。全国学会办事机构要求相关人员履行竞业限制义务的，应当按月给予相关人员经济补偿。若相关人员履行了竞业限制的义务，要求全国学会按照劳动合同解除或终止前 12 个月平均工资的 30%按月予以支付经济补偿的，法院会予以支持；若前述 12 个月平均工资的 30%低于劳动合同履行地最低工资标准的，则按照当地最低工资标准支付。

54. 什么是收入证明

答：收入证明是指全国学会办事机构要求应聘人员提交的在原任职单位薪资水平的书面证明。通常收入证明用于劳动者办理签证、贷款或信用卡。

实务小贴士：全国学会办事机构如认为确有必要要求应聘人员提交收入证明，验证其在原任职单位的薪资水平，同时也可综合查验该应聘人员的个人所得税完税证明或纳税记录。

第五章 培训管理

55. 什么是培训管理

答：培训管理是全国学会办事机构人力资源管理的重要内容。培训管理是指全国学会办事机构根据人力资源规划，调查培训需求、整合培训资源、制订培训计划、实施培训方案、进行培训评估的管理过程。

实务小贴士：全国学会办事机构应当按照管理程序，根据岗位胜任力模型来进行培训管理体系的构建。其中，调查培训需求是基础和前提，应结合全国学会战略规划和近期目标，采取科学方法和手段，对办事机构员工的知识技能和综合素质的提升需求进行识别与分析，能够确定培训的范围和维度。培训组织实施的重点是培训激励制度的制定和执行，通常与职级评定和绩效管理等相结合。培训成效评估一方面要短期考察参训员工的满意度，另一方面要长期考察参训员工胜任情况、工作绩效的积极改变。

56. 培训管理的主要目的

答：培训管理能够提升全国学会办事机构教育培训的效能，促进员工的知识技能和工作态度的持续提升，最大限度地使员工能够满足或超越岗位胜任能力。在培训管理过程中，务实全面的胜任力模型是关键。

实务小贴士：全国学会办事机构进行培训管理可以实现如下目

的：（1）定向融入。推动引导参训员工了解全国学会愿景目标、岗位职责和渊源文化。（2）提升素质。根据胜任力模型，结合培训需求调研，开展针对性培训，补足参训员工能力素质的短板。（3）提高绩效。通过新方法、新技能、新模式、新机制的讲授，提高现职员工的工作任务成功率和降低工作失误率。（4）促进协同。对办事机构中不同部门、不同岗位、不同经历的现职员工，进行团队养成，提升横向协同力。（5）激发潜力。拓宽参训员工的观念视野、优化知识结构，以满足全国学会创新发展对人力资源的需求。

57. 培训的方式方法有哪些

答：培训方式主要应依据岗位胜任特征来选择，对于知识技能等显性能力的提升更适合运用讲授法、案例法、示范法等方式，对于态度素养等隐性能力的提升更适合运用角色法、游戏法、轮换法等方式。

实务小贴士：全国学会办事机构可选择的培训方式主要有：（1）讲授法，即通过语言表达向参训员工传授知识技能，该种方式系统性较强。（2）研讨法，即通过集中讨论或分组讨论对堵点问题进行分析，该种方式参与感较强。（3）案例法，即通过对相关成功或失败案例的书面描述和分析评价，学习经验做法或提出意见建议，该种方式对参训员工的创造性要求较高。（4）游戏法，即通过团队游戏促进不同部门岗位员工的协同融合，该种方式竞争性与趣味性并存。（5）指导法，即老带新或教练法，该种方式的实务成效性较强。（6）轮换法，即在一定时间内让参训员工轮换不同的工作岗位、体验不同的工作内容，该种方式较适合新聘任或拟提职员工。

58. 如何进行新员工培训

答：全国学会办事机构组织新员工培训主要是介绍全国学会的

基本情况、宗旨目标和愿景规划，使新员工了解开展工作的质量标准、流程规范和权责边际，并初步传递全国学会的态度、文化、期望等，促进新入职员工尽快适应工作环境，在新的工作岗位上尽快展现能力、发挥作用。

实务小贴士：全国学会办事机构组织新员工培训时应注意：（1）共性培训与个性培训相结合。共性培训内容主要侧重行业、全国学会的整体介绍和文化、制度的讲解；个性培训主要是针对特定岗位的流程、标准的说明，中高层管理人员还要重点介绍全国学会年度规划和部门近期工作重点要点。（2）直属领导责任的强化与激发。新员工的集中培训只是短期"填鸭式"的知识灌输，当新入职员工进入工作岗位后，还需要部门的针对性实务培训和直属领导的"伴随式"督导。（3）培训方式的多元与组合。针对不同年龄、经历和岗位的新入职员工，应尽可能优化培训方式，通过科学选择和有机组合，保障培训目标的圆满达成。全国学会办事机构组织的新员工培训应当包括群团、统战、科协和社会团体的相关通识内容。

59. 什么是服务期协议

答：根据相关法律规定用人单位为劳动者提供专项培训费用，并进行专业技术培训的，可以与该劳动者订立协议，约定服务期。全国学会办事机构根据岗位切实需求，可以独立开展或委托其他机构对部分员工进行专业技能培训。在满足一定条件的前提下，可以与上述员工协商一致签订服务期协议。

实务小贴士：服务期协议应当包括服务期限、应对签约员工提供的专业技术培训和其他额外福利待遇以及员工的违约责任。当劳动者违反服务期约定的，应当按照协议约定向全国学会支付违约金。但约定的违约金金额不能超过全国学会办事机构实际产生的培训费用；实际主张违约金支付时，也不得主张超过服务期尚未履行部分所应分摊的培训费用。"专业技术培训"应当是指全国学会办事机构为提高生产效率，满足特殊岗位的需要，支付一定费用，对特定员工进行的持续的专业操作技能及专业知识的培训。"岗前培训"和"入职培训"通常不会被认定为"专业技术培训"。全国学会办事机构与员工约定服务期的，不影响按照正常的薪资调整机制提高员工在服务期期间的劳动报酬。

60. 如何处理服务期与劳动合同期限不一致的情况

答：按照相关法律规定，在实践中可能存在与特定员工约定的劳动合同期限与服务期限不同的情形。服务期限可以短于劳动合同期限，也可以长于劳动合同期限。

实务小贴士：在服务期短于劳动合同期限的情形下，服务期满后劳动合同的履行不受服务期的影响，劳动合同到期解除时劳动者不需要承担违约责任。在服务期长于劳动合同期限的情形下，劳动合同期限届满，用人单位不再续签劳动合同的，劳动合同和培训协议同时终止，劳动者不必承担违约金；用人单位要求劳动者继续履行至服务期满的，双方应当续订劳动合同或者将原合同期限变更为与服务期限一致。服务期内，劳动者要求解除劳动合同的，应当承担违约责任。

61. 如何针对岗位需求设计培训课程

答：岗位培训是指根据某类工作岗位的胜任力模型，围绕该岗位的特定知识技能需求组织开展的内部培训活动。岗位培训的根本目的是通过培训尽快提升受训员工的胜任力，岗位培训课程的设计通常紧密结合相关岗位的实务工作场景。

实务小贴士：岗位培训课程的设计应注意：（1）针对短板弱项，即受训员工欠缺什么知识技能，就有的放矢地设计什么内容。（2）结合工作实际，即为促进提高受训员工重复工作的标准化程度和提升工作任务的成功率，应结合其岗位工作核心内容和易错环节，以案例或角色的方式开展培训。（3）加强交流互动，受训员工通常具备一定的理论知识、必要技能和实践经验，组织新老员工之间的交流，分享工作体会效果较佳。

62. 如何开发内部培训师资

答：内部培训师资是指全国学会办事机构在内部选任的具有丰富知识技能、工作经验和善于总结表达的优秀员工，作为开展入职培训、岗位培训、提升培训老师的人选。通常内训老师应具备以下条件：（1）有普遍认同的工作业绩和成功案例；（2）有同理心，愿意授道解惑；（3）有较强的总结提炼能力；（4）有较强的沟通表达能力；（5）有严格的时间控制能力。

实务小贴士：实践中，全国学会办事机构应当注意：（1）营造氛围，全员参与。全国学会办事机构负责人可作为荣誉讲师，部门负责人必须作为优秀讲师，在普通员工中可以选拔一些实务讲师。（2）制度引导，善加激励。可根据课时和受训员工满意度等设立讲师奖励机制，可与奖金、福利挂钩；可设置讲师荣誉墙、风采角或制作专门的徽章，也可在教师节组织特别的活动进行精神激励；团队规模较大的还可建立讲师等级制度、精品课程定制制度或与职级晋升直接挂钩。（3）授人以渔，持续提升。对于内部师资可创造更多的教育培训机会，如组织专家面对面、参加 TTT 培训、试讲辅导等，推动提高其培训能力水平。

63. 如何运用"师徒式"培训

答："师徒式"培训又称为"老带新"。是指全国学会办事机构组织优秀干部员工对新入职、新上岗人员进行的"手把手"、"一对一"或"一对多"的实务培训方式。"师徒式"培训具有示范性、指导性、连续性等特点，有助于建立良好的员工关系和快速提升胜任力。

实务小贴士："师徒式"培训通常包括训前准备、实务传授、辅导实践、跟踪督导四个阶段。"师徒式"更侧重业务技能操作，但在理论、知识方面较为欠缺；"师徒式"培训成效很大程度上取决于老师的意愿、能力和水平。而且在实践中，"师徒"在背景、专业、风格、兴趣、性格等方面的匹配也很重要。

64. 如何进行角色扮演式培训

答：角色扮演式培训是指全国学会办事机构要求交互性强的管理或服务岗位人员，加强情景模拟和换位思考，模拟扮演一个特定的管理服务角色或一个被管理服务角色的指定行为，并通过对行为表现进行评定和反馈，促进其岗位胜任力提升的一种培训方式。

实务小贴士：角色扮演式培训具有参与性强、内容丰富、直观表现、促进协作和实务体验等优点。全国学会办事机构在组织角色扮演式培训时，应科学设计场景、分工、行为及测评内容，确保培训目标的达成。角色扮演较为适合全国学会办事机构的会员部门和业务部门，通过角色扮演，提高交流对象服务满意度。

65. 部门负责人应当培训哪些内容

答：部门负责人是全国学会办事机构的中坚力量。应当在必备素质、工作计划、任务分工、团队激励、员工教练、绩效考核、良性沟通和化解压力等方面对部门负责人进行培训。

实务小贴士：全国学会办事机构可采取以下方式对部门负责人进行培训：（1）图文沙盘。即准备出部门的职责、计划、人员、绩效等相关文件或图表，锻炼负责人透过现象抓住主要矛盾、提出解决方案的能力。（2）冲突模拟。通过场景化教学，锻炼负责人部门干预、化解部门内外部纠纷或冲突的能力。（3）经验分享。

通过邀请负责人进行既往成功经验做法的交流，在取长补短的同时，锻炼其驾驭管理新团队的能力。（4）合规强化。对于部门工作和业务开展必须遵守的法律法规和规范性文件，应当进行强化培训，锻炼负责人风险防范能力。（5）路径设计。将涉及各部门负责人的全国学会办事机构政策、规章进行分类归集，使负责人不但能够清晰自己的发展路径，而且能够锻炼其为部门成员进行可触及职业规划的能力。（6）团队协作。应安排需要团队协同的实践项目或趣味游戏，锻炼参训负责人快速融入和主动协同的能力。

66. 如何评估培训的效果

答：培训效果评估是指全国学会办事机构运用科学的方法、理论、程序来评价确定培训目的实现程度及其产生后继衍生价值情况的管理过程。培训评估按照阶段可分为训前评估、训中评估和训后评估。培训评估可采用笔试法、实操法、观察法、提问法、案例法、实绩法中的一种或几种。

实务小贴士：全国学会办事机构可以从以下方面评估培训的效果：（1）技能熟练程度；（2）框架了解程度；（3）水平提升程度；（4）学以致用程度；（5）忠诚可靠程度；（6）潜力激发程度。也可以从反应、学习、行为、结果四个层面进行评估。其中，反应层面主要是从参训学员满意度的维度评估；学习层面主要是从知识技能掌握的维度评估；行为层面主要是从工作绩效提高的维度评估；结果层面主要是从办事机构中长期运行发展的维度评估。

67. 如何引导员工重视学历提升

答：学历提升引导是指全国学会办事机构运用科学的方法、理论、程序来引导员工利用业余时间提升个人学历，使其在学历提升的同时拓宽视野，进一步提高员工的专业能力和职业素养，让员工的知识技能、工作方法、工作态度以及工作的价值观得到改善和提高。

实务小贴士：全国学会办事机构可以从以下方面对学历提升进行引导：（1）加强保障制度，满足员工基本需求；（2）帮助员工做好学历提升规划；（3）完善奖励机制；（4）完善晋升机制；（5）建立校企合作关系，联合办班，集中开展全国学会办事机构员工学历教育。为了提高全国学会办事机构低学历员工队伍的整体素质，全国学会办事机构制定落实相关政策，采取报销学费，限期提高学历，学历与职称评聘、评优树模、选拔任用、工资福利相挂钩等办法，鼓励支持员工通过自学、函授、脱产或半脱产等方式提升学历层次，激发全国学会办事机构员工参加学历教育的积极性。

第六章 职业管理

68. 什么是职业管理

答：职业管理是指全国学会办事机构通过对某类岗位员工计划、引导和控制，促进员工职业化水平提高的过程。职业管理是为了实现全国学会发展目标与员工个人发展愿景的有机结合。

实务小贴士：职业管理是指全国学会办事机构将员工视为可增值的重要资产，通过促进员工个体的职业价值提升，进而推动全国学会整体价值的提高。职业管理的关键在于明确办事机构与员工的价值与目标的耦合点，并围绕耦合点进行计划、引导和控制。职业管理可以贯穿人力资源的全过程，从招聘阶段对拟聘用人员的能力、潜力评价，到入职后的针对性培训、咨询、辅导等，以及相应政策制度的建立健全。

69. 什么是职业规划

答：职业规划是指全国学会办事机构帮助员工围绕其整个职业生涯，结合任职岗位和全国学会发展，进行的具有倾向性的持续系统计划的过程。职业规划是留住优秀员工的重要方式。全国学会办事机构要根据未来发展方向和员工的能力，为员工找到合适的职业规划，最大限度地发挥员工的积极性。

实务小贴士：职业规划一般包括职业定位、目标设定和路径设计三个主要方面。职业规划通常应遵循：（1）喜好原则；（2）擅长原则；（3）价值原则；（4）发展原则；（5）适合原则；（6）引导原则。职业规划内容应包括以下积极倾向因素：（1）全国学会发展与个人愿景的契合性；（2）直接上级的管理能力和榜样示范性；（3）绩效考核的引导性和公平性；（4）薪酬和职级的递进性。职业规划除去观察、交流外，还可以辅助使用价值观、人格类型、自我管理和兴趣爱好等测试工具。

70. 如何构建职业发展体系

答：职业发展体系是指全国学会办事机构结合自身的特点、预算、制度等，构建各岗位员工可遵循的内部发展顺序、路径和条件。即全国学会办事机构通过制度化方法明确员工的职业发展通道及职级、绩效与收入、福利的对应关系。

实务小贴士：全国学会办事机构构建职业发展体系一般包括以下步骤：（1）自我评价；（2）组织评估；（3）规则配套；（4）定向沟通；（5）机会匹配；（6）引导促进；（7）榜样宣传。职业规划体系的适用时间不宜过长，重点应根据全国学会的整体发展阶段和中期目标，通常为3~5年，最长不超过10年。职业规划体系的推行应考虑使大部分员工的短期目标可预期、可触及、可增益。

71. 如何判断员工职业发展阶段

答：员工职业发展阶段是指按照全国学会办事机构制定实施的职业发展体系，对单个员工的知识水平、职业技能、兴趣偏好、认同程度等进行综合评判后，确定的该员工在职业发展体系横纵向位置。

实务小贴士：以员工个人成长与全国学会办事机构职业发展体系契合程度的维度，员工的职业发展阶段可分为：（1）学习理解阶段；（2）认同选择阶段；（3）岗位适应阶段；（4）能力提升阶段；（5）稳定贡献阶段；（6）进步期望阶段；（7）重新选择阶段。如果在员工的进步期望阶段没有与全国学会办事机构达成一致，要么进入贡献衰减阶段，要么可能就会进行外部择业。

72. 如何判断员工职业兴趣

答：员工职业兴趣是指全国学会办事机构员工基于其性格、爱好与职业的契合，在激发其工作积极性的同时，也更加容易获得愉悦感、成就感的工作状态。

实务小贴士：职业兴趣就是个人特质与工作特性的一致性状态。通常员工的特质可以分为六种类型：（1）社会型，乐于交往、善于言谈，喜欢咨询、培训等工作。（2）运营型，追求权力、敢于冒险、精于得失，喜欢项目、营销等工作。（3）保守型，计划周密、注重细节、谨慎保守，喜欢行政、财务等工作。（4）操作型，不善言辞、做事扎实、手脚灵活，喜欢技术、技能等工作。（5）研究型，勤于思考、观察细致、善于分析，喜欢研究、工程等工作。（6）跳跃型，渴望表现、乐于创新、追求完美，喜欢艺术、文学等工作。大多数员工并非只有一种个人特质，其具备的多种特质越接近，该员工进行职业选择时越坚定。

73. 如何实现职业发展与岗位体系的融合

答：当全国学会办事机构岗位体系与员工个人职业发展规划融合时，员工晋升渠道就会稳定、通畅、均衡，同时，办事机构整体积极性高、能力成长快、梯队储备强。

实务小贴士：如果全国学会办事机构职业发展与岗位体系的融合程度不高，员工晋升通道不畅、论资排辈、缺乏竞争、绩效失当，则容易造成工作懈怠、骨干流失的不利后果。全国学会办事机构要实现职业发展与岗位体系的融合通常包括以下步骤：（1）梳理现有岗位、划分岗位序列；（2）划分岗位职级、规划发展道路；（3）规定任职条件、明确胜任标准；（4）建立晋升机制、搭建配套体系。

74. 如何区分和培养核心员工、骨干员工

答：全国学会办事机构的核心员工是指具有较高水平的知识技能，对全国学会发展至关重要的员工，是办事机构的核心竞争力所在。全国学会办事机构的骨干人员是除核心员工以外，接触一定机密，对办事机构各部门、各方面开展业务的重要支撑人才，是办事机构实现其业务目标的基本力量。对于核心员工和骨干员工，全国学会办事机构应通过培训、分享、轮岗等方式，着重培养其规划力、领导力、组织力、执行力、协同力、创新力、表达力和抗压力等。

实务小贴士：全国学会办事机构的核心员工特点是：（1）具有专业知识技能，能够影响办事机构的运转；（2）具有广泛外部联系，能够影响办事机构业务拓展的成效；（3）具有较高管理能力，能够帮助办事机构规避风险或节约成本。通常核心员工的流失会导致全国学会办事机构的商业秘密泄露和关键岗位空缺。全国学会办事机构的骨干员工特点是：（1）价值观稳定，能够稳定控制情绪；（2）兢兢业业，能够用心用情工作；（3）责任心强，遵章守规、善于合作；（4）乐于学习，持续提升专业知识和技能。

75. 如何避免骨干员工流失

答：全国学会办事机构骨干员工的流失可能是由于个人原因或外部环境变化，更可能是因为单位原因。其中，单位原因通常包括：（1）薪酬；（2）激励；（3）管理者；（4）文化。

实务小贴士：全国学会办事机构要留住骨干员工可以从以下几个方面着手：（1）有理有据地肯定员工价值；（2）提供具有弹性的合理薪酬保障；（3）采取特别激励措施保证骨干员工的稳定；（4）为骨干员工提供良好的成长环境；（5）营造诚信、公平、积

极的全国学会文化氛围；（6）给骨干员工提供更多的平台和机会。

76. 如何提高老员工的认可度和忠诚度

答：当员工在全国学会办事机构任职超过 5 年以后，通常会出现排挤新员工、缺乏创新意识、不满薪资待遇、经常讨价还价、偷懒拖沓抖机灵等非良性状态。

实务小贴士：全国学会办事机构为激励任职时间长的员工可采取如下办法：（1）新老员工的考核一律平等；（2）建立鼓励创新、结果导向的激励机制；（3）持续招聘，营造危机意识；（4）进行适当的岗位轮换；（5）结合全国学会的发展规划为老员工进行职业规划。

第七章　员工考核管理

77. 什么是员工考核管理

答：员工考核管理是指全国学会办事机构或上级领导按照一定的标准，采用科学的方法，衡量与评定员工完成岗位职责任务的能力与效果的管理方法，其主要目的是为了让员工更好地工作，为全国学会办事机构服务。主要目的是发掘与有效利用员工的能力；通过考核，对员工给予公正的评价与待遇，包括奖惩与晋升等。

实务小贴士：全国学会办事机构岗位考核一般是指：（1）员工本职工作的完成情况，包括员工工作是否按照全国学会办事机构的标准，按时、按量地完成，这方面主要是考核员工个人的工作能力和工作效率。（2）员工对岗位工作有无新的改进建议和具体的计划方案，这主要考核员工在全国学会办事机构是否有可持续发展的潜力和条件。（3）员工对其他对接部门的改进意见，这主要是考核员工的团队意识和协作能力。

78. 什么是绩效考核管理

答：绩效管理是指全国学会办事机构为了达到发展目标，按照科学的流程，及时进行绩效计划制订、绩效辅导沟通、绩效考核评价、绩效结果应用的循环持续的人力资源管理过程。全国学会办事机构进行绩效管理的目的是持续激发全国学会办事机构员工的工作主动性、积极性，进而提升员工的岗位胜任能力，推动提高个人、部门和办事机构的工作能效。

实务小贴士：在全国学会办事机构绩效管理过程中，绩效计划制订是绩效管理的基础，主要是明确绩效管理的目标、成本、对象和手段。绩效辅导沟通是绩效管理的重要环节，通常能够决定绩效管理的成败得失，可包括上级日常指导、定期绩效会议、绩效反馈表单等方法。绩效考核评价是绩效管理的核心内容，主要是根据绩效评价规则，定期对个人、部门及全国学会办事机构整体进行评价，确定管理对象的绩效水平。绩效结果应用是绩效管理的关键，主要是依据绩效评价结果，通过与其他制度的衔接应用，落实到职级升降、薪资增减和表扬处罚等具体措施的过程。激励型绩效管理适用于成长期组织，管控型绩效管理适用于成熟型组织。

79. 员工考核管理与绩效考核管理的区别

答：员工考核管理针对的是"岗位"，考核的是本职工作的完成情况，员工考核包含绩效考核和员工奖惩两个方面；绩效考核管理针对的是劳动者，考核的是工作效率和业务成果指标完成情况，是对员工的工作过程和结果的评价。

实务小贴士：全国学会办事机构员工考核管理主要是考核员工个人的工作能力和工作效率、员工在全国学会办事机构是否有可持续发展的潜力和条件，以及员工的团队意识和协作能力。全国学会办事机构绩效考核管理是对员工的工作行为及取得的工作业绩进行评估，并运用评估的结果对员工将来的工作行为和工作业绩产生正面引导的过程和方法，这些主要围绕业务指标来做。

80. 绩效管理的一般流程

答：全国学会办事机构的绩效管理是一个循环往复的过程，具体可包括绩效计划与指标体系构建、绩效管理的过程控制、绩效考核与评估、绩效反馈与面谈、绩效考核结果的应用五个步骤。

实务小贴士：全国学会办事机构进行绩效管理需注意：（1）绩效计划是绩效管理成功实施的关键和基础，需要办事机构负责人、部门负责人和员工共同参与，极力避免单方面的任务部署。（2）目标体系需根据计划进行构建，使员工能够了解全国学会办事机构的运营管理的阶段重点，具体应包括绩效指标和对应的衡量、评估标准。（3）在绩效管理实施过程中，不仅要关注任务完成情况、结果产出，更应关注绩效的产生和形成过程，进行适时的指导、监督和沟通，对发现的问题及时予以解决，并根据重大情况和问题对绩效计划进行微调。（4）绩效考核可以按月度、季度、半年度和年度进行结果考核，即按事先确定的工作目标及衡量标准考核员工的绩效完成情况即贡献度；绩效评估是对员工在绩效周期内表现出来的具体工作行为和态度进行评估，以评估员工胜任力。（5）绩效管理需要上下级之间的频繁有效沟通，针对问题共商解决方案，形成工作的合力。（6）绩效考核的结果应与其他管理制度，特别是薪酬、职级管理等制度进行有效衔接。

81. 绩效管理的常见方法有哪些

答：全国学会办事机构传统的典型绩效管理方式有德能绩勤式、检查评比式、共同参与式等。现代流行的绩效管理方式包括平衡计分卡式（Balanced Score Card，BSC）、目标管理式（Management by Objectives，MBO）、关键业绩指标式（Key Performance Indicator，KPI）、目标与关键成果法式（Objectives and Key Results，OKR）、360度考评体系式等方式。

实务小贴士：越来越多的创意型、转型期或组织架构复杂的组织和机构开始选择应用OKR绩效管理的方法。OKR即目标与关键成果法，是一套明确和跟踪目标及其完成情况的管理工具和方法。

OKR 的主要目标是明确全国学会办事机构的"目标"以及明确每个目标达成可衡量的"关键结果"，旨在组织动员员工协同工作，并集中精力作出与整体目标一致的可衡量的贡献。其中，"O"即目标，通常是设定一个时间阶段内（如季度、半年、年度）的发展目标；"KR"是能够衡量和验证目标是否实现及实现程度的量化工作指标。具体流程包括：（1）设定整体目标。在战略框架内，结合实际设定的易描述、可衡量、有挑战、能实现的阶段工作目标，最好不要超过 5 个；可以使用 KPI 分解工具。（2）确定部门目标。在整体目标体系内，结合部门职责分工，参照过往工作数据进行设定，一般少于 3 个；应充分调动一线员工的创造力和部门间的协同力。（3）落实员工目标。由部门负责人与员工商定，共同进行目标分解、压实责任。（4）明确关键成果。即完成对应目标必须要实施和完成的工作内容，应具备可实现、须努力、可计量、有节点等特性。（5）制订行动计划。将目标分解成时间阶段内工作任务，并推动执行。（6）进行打分回顾。通常员工和部门每个季度、全国学会办事机构每半年根据对应的"关键成果"，在各层级进行完成情况和完成质量打分，分数在 0~1，最佳得分是在 0.6~0.7 之间，时间每人控制在 3 分钟以内。（7）实施调整衔接。根据打分结果进行薪酬和职级的调整，所有成就内容须在全国学会进行公开，激励每名员工挑战自己。

82. 绩效管理的常见问题有哪些

答：全国学会办事机构进行绩效管理可能会出现业务部门不重视、考核手段不正向、执行过程不沟通、考核指标不量化、评价结果不应用和管理目标不切实等问题。

实务小贴士：全国学会办事机构在进行绩效管理时应注意：（1）衔接要有效。绩效管理是系统工程，绩效评价只是绩效管理的重要内容，应有体系设计，特别是与现有薪资、考评制度要有效衔接。（2）目标要适当。要结合自身的发展阶段、业务情况、团队文化，制定切实可行的绩效管理目标。（3）方法要科学。在不断学习新理论的同时，既要把绩效评价的重点对象聚焦在关键少数员工上，又要采用能落地、易操作的考核工具。（4）指标要量化。要结合业务特点和工作要点，设计出可衡量、可量化的绩效评价指标，在作为评价依据的同时还要起到正向引导和激励的作用。（5）沟通要充分。在绩效考核制度制定实施及成果应用过程中，要充分与骨干员工沟通，在获得支持的同时还要帮助其设计部门、个人成长路径。

83. 如何进行关键过程管理

答：全国学会办事机构进行关键过程管理，是指围绕关键绩效目标或关键工作任务进行的过程管理。关键过程管理需要明确关键工作的步骤进程、时间节点、行为标准和工作方法等要素，突出的是对全局走向的全面把握和关键节点的指导监督。过程管理是抓大放小、协同管理的精髓所在。

实务小贴士：全国学会办事机构进行关键过程管理通常包括：（1）根据发展战略和业务特点建立阶段运营管理目标体系；（2）识别办事机构各种具有关键业务功能的工作过程及其相互关系；（3）自上而下建立健全业务过程模型；（4）将业务过程作为管理信息收集、传递、交互和处理的过程；（5）基于业务过程体系进行组织结构和制度优化；（6）按业务过程体系的运行需要合理配置要素资源；（7）制订工作计划与控制方案，进行反馈控制和部门协调；（8）以提高关键业务绩效为目标，持续改进工作过程。

84. 如何设计关键绩效指标

答：关键绩效指标（KPI）是指通过对全国学会办事机构内部

流程的工作指令输入端、工作指令输出端的关键参数进行设置、取样、计算、分析，衡量工作流程绩效的一种目标式管理指标。KPI 是将战略目标分解为可操作工作目标的管理工具，是其他绩效管理行为的基础。

实务小贴士：全国学会办事机构在应用 KPI 绩效管理工具时应遵循"二八原则"，即认同 80% 的关键目标由 20% 的关键行为完成，80% 的关键任务由 20% 的业务骨干完成的现实情况。因此，全国学会办事机构应当通过各工作岗位描述和执行成效衡量，分析确定并大力激发 20% 的关键员工的关键工作行为，这是绩效评价的重心。这些 20% 的关键工作行为和业务骨干需要办事机构集中 80% 的资源和力量助力其完成关键目标。具体做法包括：（1）对全国学会战略目标进行分解和细化；（2）对关键绩效的可控部分进行衡量描述；（3）沟通和发布关键绩效指标；（4）围绕关键绩效指标开展过程绩效管理；（5）根据发展实际和评价结果持续优化和调整关键绩效指标。KPI 对流程性较强的工作内容较为适用。

85. 如何评价绩效管理成果

答：全国学会办事机构在评价绩效管理是否有效时，通常要从以下方面进行：（1）战略目标实现程度；（2）组织架构优化程度；（3）职责分工明确程度；（4）管理流程明确程度；（5）工具表格量化程度；（6）绩效沟通有效程度；（7）管理过程控制程度；（8）绩效反馈真实程度；（9）评价结果运用程度；（10）文化氛围融洽程度。

实务小贴士：全国学会办事机构进行绩效管理时应充分考虑各部门规模大小、发展水平、学术优势、行业特性、人员素质、制度基础等制订针对性的绩效管理规划，进行充分的过程督导，并将绩效评价成果运用到工资调整、职级调整等人力资源过程中。

工具表格可包括《关键绩效指标管理卡》《业绩档案记录卡》《绩效反馈卡》《绩效改进计划表》《绩效申诉表》《绩效管理满意度调查表》等。具体评估方法为比较法、描述法、量表法、目标法、计分法等。

86. 如何进行绩效辅导

答：绩效辅导是指全国学会办事机构负责人与员工讨论有关工作目标和进展、障碍和问题、办法和措施、成绩和短板的督导协同过程。通常包括行为矫正和支持提供。

实务小贴士：全国学会办事机构进行绩效辅导通常包括：（1）宣讲绩效管理目标和计划；（2）完善关键工作方案和流程；（3）反馈工作执行问题和障碍；（4）优化核心工作流程和内容。绩效辅导贯穿绩效管理全过程，每次辅导前应明确：（1）目标进展情况；（2）亟待改进问题；（3）方向偏离程度；（4）能力提升要点；（5）可能调整内容；（6）沟通交流重点；（7）期待可能效果。

87. 如何进行绩效反馈

答：绩效反馈是全国学会办事机构进行绩效管理的最后一个步骤，也是绩效管理能否持续发挥作用的最关键环节。绩效反馈主要是将绩效评价的结果反馈给被评价对象，就考核期内被评价对象的进步、成绩、问题、短板达成一致，进而对被评价对象产生正向积极的影响。

实务小贴士：全国学会办事机构进行绩效反馈应遵循：（1）常态原则；（2）据实原则；（3）客观原则；（4）认同原则；（5）伙伴原则；（6）展望原则；（7）积极原则；（8）衔接原则。一个评价周期的绩效反馈环节往往是下一个评价周期的开始。谨记"对事不对人"，少定性、多定量，少指令、多帮助，少异议、多倾听。

88. 如何运用绩效结果

答： 全国学会办事机构运用绩效结果主要是在现有的制度框架下，依据绩效结果对表现优异的员工进行正向激励，对表现懈怠的员工进行负向激励，达成鼓励办事机构内部正确行为，推动运营目标实现的过程。

实务小贴士： 全国学会办事机构对被评价对象结果的核定和分析，可以在现有制度框架下据此进行：（1）薪酬和奖金的增减；（2）知识和技能的培训；（3）职业和轮岗的规划；（4）职务和级别的调整；（5）文化和氛围的营造。重点要识别高潜力的关键骨干员工、制订出核心关键岗位的替补计划、实现组织架构职责分工与发展的融合统筹。

89. 如何管理平均水平员工

答： 在大多数全国学会办事机构，平均水平员工构成了专职团队的主要部分。办事机构负责人在着重进行业务拓展和活动开展的同时，也应当持续关注这部分员工的能力提升和信心强化。毕竟 20% 员工的关键贡献需要 80% 员工的支撑巩固。

实务小贴士： 平均水平的员工能力和水平不突出，习惯于依赖上级的指令和辅导。因此管理平均水平员工提高其工作效率是重中之重。全国学会办事机构在管理平均水平员工时应当注意：（1）必须保持尊重；（2）明确工作任务；（3）细化方法步骤；（4）给予信任期望；（5）鼓励时间管理；（6）指导轻重缓急；（7）适时进行引领；（8）施加必要压力。

第八章 薪酬管理

90. 什么是薪酬

答：薪酬是劳动者基于和全国学会办事机构的法律关系，提供双方约定的劳动内容，而应获得的各种形式的酬劳。狭义的薪酬是指货币和可以转化为货币的酬劳，广义的薪酬还包括各种非货币可衡量的各种形式的给予或满足。即薪酬同时可包括经济内容和非经济内容。

实务小贴士：薪酬一般包括工资、奖金、提成等物质回报，也包括休假、参与决策、获得授权等非物质回报。薪酬通常可以对员工起到经济保障、激励引导、改变态度等管理动能；可以对全国学会起到促进战略、改善业绩、塑造文化、推动改革等管理功能。薪酬对于全国学会而言既是成本又是投资，对于员工而言既是获取又是责任。薪酬也可分为固定、浮动、短期奖励、长期激励等组成部分，应以实际定标、以岗位定级、以绩效定薪、以能力定酬。

91. 什么是薪酬管理

答：薪酬管理是指全国学会办事机构对全体员工所提供的劳动及其成果来确定员工薪酬策略、薪酬体系、薪酬支付、薪酬水平、薪酬构成及对特殊员工群体的薪酬进行确定、分配和调整的动态管理过程。薪酬管理是一种持续的管理过程，全国学会办事机构应定期修订薪酬计划、拟定薪酬预算、沟通薪酬渠道来源和完善薪酬机制。

实务小贴士：全国学会办事机构进行薪酬管理应同时达到合法性、有效性、公平性、激励性等目标，薪酬管理还要受到全国学会资产状况、发展阶段、人才定位、同业策略等因素的影响。薪酬管理是全国学会办事机构员工参与最少的人力资源管理内容，具有特殊敏感性。薪酬管理应遵循的原则有：（1）补偿性；（2）公平性；（3）激励性；（4）竞争性；（5）效能性；（6）操作性；（7）持续性。

92. 薪酬由哪些部分组成

答：薪酬通常由基本薪资、绩效薪资、激励薪资以及福利等四种货币薪酬形式组成，还包括服务、赞扬、地位、安全、挑战、机会等非货币薪酬形式。

实务小贴士：（1）基本薪资反映的是员工工作或技能价值，通常忽略员工之间的个体差异，基本工资一般根据同业薪资增减和员工能力升降而调整。（2）绩效工资反映的是对员工阶段工作的行为、结果的认可和激励，一般根据员工的可量化业绩进行弹性调整；（3）激励工资反映的是员工工作对关键经营指标或财务指标的直接影响，一般根据业务额、利润率、占有率等长期指标进行调整；（4）福利和服务包括休假、配餐、保险、养老金等形式，一般根据职级年限有所调整。

93. 薪资核算方法有哪些

答：薪资核算是全国学会办事机构薪酬管理的最基础工作内容之一。薪资核算不但决定着薪资的准确性和发放的及时性，还与员工关系管理、人工成本预算、绩效考核管理、员工正向激励等各方面密切相关。薪资核算通常可按照如下方法进行：工资总额＝

固定工资+浮动工资+加班工资+补助＝（保障工资+岗位工资+技能工资）＋（绩效工资+提成+全勤奖+奖金）＋加班工资（可选择性适用）＋（工龄津贴+交补+话补+餐补+其他补贴）。

实务小贴士：全国学会办事机构进行薪资核算应当注意：（1）设计完善的薪资结构，构建清晰的逻辑关系和全面的数据支撑；（2）同步调整最低工资标准，如固定工资以所在地最低工资为基准设置，应与政府同步进行调整；（3）用足税收人社优惠政策，为员工谋求更多实惠、为全国学会节约更多成本；（4）悟透绩效工资核算规则，绩效工资的核算一定要有助于绩效管理目标的实现；（5）考勤薪资核算包含多种情形，如入/离职薪资、病/事假薪资、带薪假薪资、加班薪资、迟到/早退薪资、旷工薪资等；（6）区别多种用工方式核算方法，如兼职人员、返聘人员、劳务人员等；（7）善于分析薪酬激励成效，包括经营目标、团队效率、文化氛围的提升等。

94. 常见的岗位补贴有哪些

答：岗位补贴或岗位津贴通常是指对特殊条件下工作的员工提供的额外劳动消耗和额外生活费用给予的专门补偿形式。岗位补贴可分为：（1）特岗补贴；（2）地域补贴；（3）生活补贴。

实务小贴士：全国学会办事机构员工在不同岗位和条件下，相同时间内所付出的智力、体力劳动及需要克服的困难往往不同，支付的费用和消耗的精力也有很大差异。一般的基本薪资不能充分反映这种差异，因此需要发放特殊的补贴予以慰问、平衡或激励。补贴是对基本薪资的特别补充。岗位补贴包括政策法规规定的内容；也包括全国学会办事机构自行建立的补贴津贴，如技术岗位津贴、外勤津贴和出差补贴等。

95. 如何设计关键岗位的薪资

答：全国学会办事机构进行关键岗位薪资的设计，核心在于要认识到哪些岗位的运营、管理、收入、技术等对全国学会生存发展至关重要，并且在短时间内难以从内外部寻求替代。在进行关键岗位的薪资设计时，重点是要将薪酬中的浮动部分，围绕该岗位最主要、可量化的贡献进行关联设计，通过定向激励，促进岗位人员发挥更加重要的作用。

实务小贴士：从全国学会办事机构的整体来看，分配给关键岗位的浮动工资金额应占到整体浮动工资金额的大多数，即要真正遵循"二八原则"。关键岗位薪资设计的能动性、合理性将在很大程度上影响到核心骨干员工的去留和全国学会运营发展目标能否实现。除去货币式薪资内容外，关键岗位薪资还要着重配套非货币薪资内容，以增加任职员工的归属感。除此之外，关键岗位的薪资标准应处于同业的中上游水平。

96. 如何增强薪酬的"弹性"

答：所谓薪酬的"弹性"，就是在全国学会办事机构的现有制度框架下，按照相应原则，通过结果导向的分配原则，适当拉开不同能力、不同贡献员工的收入差距，进一步发挥薪酬正向激励作用的方法。增强薪酬"弹性"一般来说就是结合办事机构的绩效管理体系和关键岗位的薪资结构，适度加大浮动工资的比例，充分体现可量化的"按劳分配、多劳多得"。

实务小贴士：当全国学会办事机构员工出现工作热情不高、骨干员工流动率加速或人员冗余、人力成本居高不下的情况，并且业务拓展空间较大时，可以增加有潜能员工的业务职责，并配套实施"弹性"较高的浮动工资。虽然"弹性"薪酬的激励功能较强，但容易导致员工缺乏安全感，为此应当循序渐进，在恰当的时间增强"薪酬"的弹性。

97. 如何增强薪酬的导向作用

答：全国学会办事机构的薪酬通常具有保障、激励和调节等功能，在严格控制人力资源成本的基础上，可进一步突出"绩效"的精准引导作用，强化关键岗位人员的激励，营造平均水平员工积极向上的氛围。

实务小贴士：全国学会办事机构可以根据全国学会所处的发展阶段，结合会员发展服务实际，选择成本导向、收入导向、学术导向、品牌导向的薪酬方案设计。调整薪资各构成部分的比例和数额，向员工传递鼓励、重视什么，惩戒、限制什么，通过薪资调节，引导员工的工作行为。办事机构如若计划增强薪酬的导向作用，推动管理变革，通常应当突出业务创收激励、项目绩效激励、风险控制激励、关键结果激励和前端员工激励，激励对象可重点选择为管理人才、学术人才、技术人才、服务人才和项目人才等。

98. 不同岗位员工的薪酬构成特点

答：全国学会办事机构不同职级岗位的员工工作生活诉求存在一定差异，如果要充分发挥薪酬制度的引导激励作用，就要结合员工的特定年龄阶段、学历背景、职责范围，有针对性地设计薪酬构成内容，特别是浮动工资部分。

实务小贴士：全国学会办事机构对于以业务拓展为主要工作内容的员工，可采取低保障、高浮动的薪酬方式，其中浮动部分应不低于30%，但同时要加强团队协作；对于职能部门中以运营管理为主要工作内容的员工，浮动工资不应高于10%，而且通常与整体绩效和成果固化强相关；对于以专业技术为主要工作内容的员工，浮动工资可在20%左右，但如果节支增收贡献不明显可能会导致人力成本增高。全国学会办事机构可采取"岗位薪酬+技能薪酬+增量薪酬"相结合的方式。

99. 不同用工方式的薪酬体系如何整合

答：全国学会办事机构可能同时存在社会招聘、事业编制、退休返聘、公务兼职等多种用工方式并存的情况。由于体制内人员要严格遵守相关薪酬规定，通常有最高限额和其他收入的限制，往往会与社会招聘人员的薪酬制度产生冲突。因此，将不同用工方式有机整合，实现同向激励尤为重要。

实务小贴士：对于办事机构并存多种用工方式的状况，在严格遵守相关政策法规和规范性要求的前提下，要么通过一定时间逐渐统合替代为同种用工方式，至少占到绝大多数；要么就要在体制内人员的常量中，抽取一定比例建立绩效资金池，在一定程度上与社会招聘人员绩效交叉衔接。

100. 薪酬管理的常见误区有哪些

答：全国学会的工作宗旨和工作内容与一般的企业公司区别较大，其非营利属性决定了全国学会资产的归属不能属于发起人、负责人和高级管理人员，而且对于运营结余也不能"分红"。因为全国学会相较于经济组织缺少了股权激励和利润增量绩效两种较为重要的激励方式，所以在避免套用企业公司的薪酬制度基础上，还应当持续细化薪酬构成，不断完善优化薪酬浮动部分。

实务小贴士：全国学会办事机构在选择设计薪酬模式时抑或是在薪酬制度革新过程中应注意：（1）避免唯利益论。过于偏重货币式激励，造成薪酬作用发挥出现短期性和应激性，并极可能导致劳资双方的零和博弈；除薪酬绝对值以外，应重点关注员工价值贡献与综合回报之间的公平问题。（2）避免流动失序。一方面过于追求稳定，只奖励不处罚、只留人不淘汰，则容易出现人浮于事效率下降的情况，应结合实际运用负向激励手段，适当施加压力；另一方面突然加大薪资弹性，有可能导致员工批量流失，可小步快跑、试点推动。（3）避免过于乐观。虽然薪酬制度是办事机构运营管理制度体系的重要组成部分，但是薪酬制度的优化完善不是万能的。只有在发展方向正确、工作方法有效、拓展空间有余、团队建设有信等前提下，薪酬制度才会发挥核心作用。（4）避免公平陷阱。"公平"不等于"均等"，如果不同职级、不同贡献的员工的薪资拉不开差距，就不会激发优秀员工的创造力和积极性。办事机构整体薪资成本中，如果浮动工资低于15%，则会产生发展抑制影响。（5）避免衔接失当。薪酬制度要与其他规章制度统筹配合、发挥能效，特别是浮动部分对应的绩效指标一定要可描述、可量化、可实现、可衡量。（6）避免密薪滥用。薪资中的保障部分和能够客观量化评价工作成果对应的薪资部分没有必要采取密薪制；只有对于个别有突出贡献、且现有薪资制度难以包容覆盖的员工，才适用小范围的密薪制。有赖于主观评价的薪资部分和年终奖金，可有选择地采用密薪制。

101. 加班时间是否有时长限制

答：全国学会办事机构安排员工加班有法定时长限制。

实务小贴士：根据《中华人民共和国劳动法》第四十一条规定："用人单位由于生产经营需要，经与工会和劳动者协商后可以延长工作时间，一般每日不得超过一小时；因特殊原因需要延长工作时间的，在保障劳动者身体健康的条件下延长工作时间每日不得超过三小时，但是每月不得超过三十六小时。"由于全国学会是非生产型单位，加班成效难以计量，因此办事机构制定实施加班制度要慎重；如若有阶段性任务需要突击完成，也最好采用项目奖金方式。

102. 员工的加班费如何计算

答：加班费是指全国学会办事机构按照需求，在法定或约定工作时长之外，安排员工继续进行劳动而应支付的劳动报酬。

实务小贴士：根据《中华人民共和国劳动法》第四十四条相关规定，全国学会办事机构按照如下标准计算加班费：（1）工作日加班费＝月工资÷21.75÷8×加班小时数×150%；（2）双休日加班费＝月工资÷21.75÷8×加班小时数×200%；（3）法定节假日加班费＝月工资÷21.75÷8×加班小时数×300%。办事机构应当严格执行劳动定额标准，不得强迫或者变相强迫劳动者加班。

103. 如何进行加班管理防范风险

答：全国学会办事机构如果制定执行加班审批制度，就要明确加班的条件、流程、内容和待遇。加班审批制度的主要内容是规定了除办事机构统一安排的加班外，员工由于自身工作原因需要加班的，必须提前填写加班申请单，经过相关负责人批准后方可加班。

实务小贴士：通常如果办事机构未制定执行加班审批制度，一旦发生劳动争议，只要考勤记录中显示员工离开单位与到达单位之间的时间差超过法定工作时间，则超出部分即可认定为加班。如果用人单位设立了加班审批制度，而员工没有经过相关的审批程序进行加班的，就不能认定为加班。办事机构还可以在劳动合同中约定加班审批条款，明确未经申请审批的自愿加班，全国学会不支付劳动报酬，并在员工签收的规章制度中规定加班申请审批的条件、流程、权限等具体措施。此外，加班制度的执行成效有赖于拥有审批权限负责人对业务的熟识程度和责任心。

104. 如何计算带薪年假的天数和工资

答：年假是指全国学会办事机构根据相关法律法规的规定，对于连续工作 1 年以上的员工，给予享受带薪年休假的保障。员工在年假期间享受与正常工作期间相同的工资收入。

实务小贴士：全国学会办事机构员工依法每年能够享受的假期包括：（1）11 天法定节假日；（2）最长 15 天的带薪年休假；（3）每周 2 天休息日。员工每年固定休息休假时间超过 120 天，约占全年的三分之一。员工累计工作已满 1 年不满 10 年的，年休假 5 天；已满 10 年不满 20 年的，年休假 10 天；已满 20 年的，年休假 15 天。年休假应在 1 个年度内集中安排或分段安排，一般不跨年度安排。办事机构确有必要跨年度安排员工休假的，可以跨 1 个年度安排。办事机构确因工作需要不能安排员工年假的，经员工本人同意，可以不安排年假；对员工应休未休的年休假天数，办事机构应当按照该员工日工资收入的 300% 支付年休假工资报酬。如果办事机构年休假标准比法定标准高，则单位年假与法定年假的差额又称为福利年假。此外，对于"累计工作已满 1 年"的标准就是指员工从参加工作时起，无论其是在同一单位抑或是在不同单位的连续或间断任职，只要累计时长达到 1 年即达到法定标准。月工资通常是指员工在办事机构支付其未休年假工资报酬前 12 个月剔除加班工资后的月平均工资；工作时间不满 12 个月的，按实际月份计算月平均工资。

105. 如何计算病假工资

答：病假是指全国学会办事机构员工因患病或者非因工负伤，需要停止工作进行治疗或康复，全国学会办事机构应根据员工实际参加工作的年限和在全国学会工作的年限，给予带有一定薪资保障的医疗假期。

实务小贴士：病假工资计算基数为员工所在岗位相对应的正常出勤月工资，不包括年终奖、上下班交通补贴、工作餐补贴、住房补贴、中夜班津贴、夏季高温津贴、加班工资等特殊情况下支付的工资。病假工资基数的确定应遵循以下原则：（1）劳动合同对员工月工资有明确约定的，按合同约定员工所在岗位相对应的月工资确定；实际履行与合同约定不一致的，按实际履行的员工所在岗位相对应的月工资确定。（2）劳动合同对员工月工资未明确约定，集体合同对岗位相对应的月工资有约定的，按集体合同约定的与员工岗位相对应的月工资确定。（3）劳动合同、集体合同对员工月工资均无约定的，按员工正常出勤月参照办事机构所在地政府颁布的工资支付办法规定的工资（不包括加班工资）的70%确定。（4）病假工资的计算基数不得低于办事机构所在地规定的最低工资标准。当员工因病或非因工负伤连续休假在6个月以内的，全国学会支付的病假工资（疾病休假工资）标准为：（1）连续工龄不满2年的，按本人工资的60%计发；（2）连续工龄满2年不满4年的，按本人工资的70%计发；（3）连续工龄满4年不满6年的，按本人工资的80%计发；（4）连续工龄满6年不满8年的，按本人工资的90%计发；（5）连续工龄满8年及以上的，按本人工资的100%计发。员工因病或非因工负伤连续休假超过6个月的，全国学会应支付的病假工资（疾病救济费）标准为：（1）连续工龄不满1年的，按本人工资的40%计发；（2）连续工龄满1年不满3年的，按本人工资的50%计发；（3）连续工龄满3年及以上的，按本人工资的60%计发。病假工资有最低标准，不得低于当年办事机构所在地职工最低工资的80%；且最低标准中不包括由个人缴交的养老、医疗、失业保险费和住房公积金。

106. 如何计算婚/丧假的天数和工资

答：婚假指在员工结婚时，全国学会办事机构依法给予员工的带薪假期。丧假指当员工直系亲属死亡时，全国学会办事机构应根据具体情况给予该员工的带薪假期。

实务小贴士：法律规定婚丧假为1~3天，通常按3天计算。各地结合实际对婚丧假有增加天数的规定，则增加的天数应与1~3天合并连续使用。再婚与初婚员工待遇相同，办事机构应对再婚员工给予同初婚员工一样的婚假待遇。员工依法享受婚丧假期间，办事机构应支付假期工资。假期工资的计算基数为员工所在岗位相对应的正常出勤月工资，不包括年终奖，上下班交通补贴、工作餐补贴、住房补贴，中夜班津贴、夏季高温津贴、加班工资等特殊情况下支付的工资。员工法定享受的探亲假、婚丧假、产假等国家规定的假期以及因工伤停工留薪期间不计入年休假假期。

107. 如何计算产假的天数

答：产假是在女员工产期前后，全国学会办事机构应给予的带薪假期待遇。产假通常为分娩前半个月至产后两个半月，女员工生育享受不少于 98 天的产假。女员工在休产假期间，全国学会办事机构不得降低其工资、辞退或者以其他形式解除劳动合同。

实务小贴士：对于符合生育金申领条件的单胎顺产妇女除享受国家规定的 98 天产假外，还可以再连续享受各地规定增加的生育假天数。难产的增加产假 15 天；生育多胞胎的，每多生育 1 个婴儿增加产假 15 天。女员工在怀孕 7 个月以上可以享受产前假的情形包括：（1）如工作许可，经本人申请，办事机构批准的；（2）经二级以上医疗机构证明有习惯性流产史、严重的妊娠综合征、妊娠合并症等可能影响正常生育的，本人提出申请，办事机构应当批准产前假。产前假最长为两个半月，办事机构应按照其工资标准的 80% 支付工资。怀孕的女员工在工作时间内进行产前检查，应当算作劳动时间，办事机构不应当以此为理由扣发工资。陪产假又称陪护假，即在男员工配偶享受产假期间，男员工根据各地规定，享受 7~15 天看护、照料配偶和新生子女的带薪假期。陪产假期间的工资，按照男员工正常出勤应得的工资支付。有不满一周岁婴儿的女员工，办事机构应当在每天劳动时间内给予两次哺乳（含人工喂养）时间，每次 30 分钟；多胞胎生育的，每多哺乳一个婴儿，每次哺乳时间增加 30 分钟。女员工每天劳动时间内的两次哺乳时间，可合并使用。除浙江等个别省市外，二孩、三孩的产假无增减的特别规定。男女员工在其生育的子女满三周岁前，每人每年享受 5 个工作日的带薪育儿假，每年按照子女满周岁计算。各地基本已经取消了晚育假。此外，女员工怀孕未满 4 个月流产的，享受 15 天产假；怀孕满 4 个月流产的，享受 42 天产假。

108. 如何计算探亲假的天数和工资

答：探亲假是指当员工与其父母或配偶分居两地时，又不能在公休假日实现团聚的，可以依法享受的探望直系亲属的带薪假期。员工与父亲或母亲一方能够在公休假日团聚的则不能享受探亲假。

实务小贴士：已婚员工探望配偶的，每年给予一方探亲假一次，假期为 30 天。个别员工如因探亲旅途往返时间太长，自愿 2 年探望一次的，应给予 60 天假期。已婚员工探望父母的，每 4 年给假一次，假期为 20 天。在这 4 年中的任何一年，经办事机构批准即可探亲。未婚员工探望父母，原则上每年给假一次，假期为 20 天。如果因为工作需要，当年不能给予假期，或者员工自愿 2 年探亲一次的，可以 2 年给假一次，假期为 45 天。假期工资的计算基数为劳动者所在岗位相对应的正常出勤月工资，不包括年终奖，上下班交通补贴、工作餐补贴、住房补贴，中夜班津贴、夏季高温津贴、加班工资等特殊情况下支付的工资（具体以全国学会实际情况自行调整）。

109. 如何计算个人所得税

答：全国学会办事机构应按照《中华人民共和国个人所得税法》的规定，代扣代缴个人所得税，包括全国学会办事机构向员工支付的工资薪金所得、劳务报酬所得、稿酬所得、特许权使用费所得、利息、股息、红利等。

实务小贴士：全国学会办事机构向员工依法支付的综合所得适用 3%~45% 的超额累进税率；向员工依法支付的利息、股息、红利所得适用比例税率，税率为 20%。办事机构员工免征个人所得税的有关情形包括：（1）省级人民政府、国务院各部委和中国人民解放军军以上单位，以及外国组织、国际组织颁发的科学、教育、技术、文化、卫生、体育、环境保护等方面的奖金；（2）按照国家统一规定发给的补贴、津贴；（3）福利费、抚恤金、救济金；（4）保险赔款；（5）按照国家统一规定发给干部、职工的安家费、退职费、基本养老金或者退休费、离休费、离休生活补助费；（6）中国政府参加的国际公约、签订的协议中规定免税的所得；（7）国务院规定的其他免税所得。员工劳务报酬所得、稿酬所得、特许权使用费所得以收入减除20%的费用后的余额为收入额。

110. 如何计算劳务报酬的个人所得税

答：劳务报酬所得是个人从事设计、制图、会计、法律、咨询、培训、翻译和技术等服务劳动取得的收入所得。全国学会办事机构员工个人劳务所得如果是以工资、薪金的方式从全国学会领取，则属于工资、薪金所得，不属于劳务报酬所得。

实务小贴士：员工个人的劳务报酬所得税的起征点一般是800元，其税额计算方法为：（1）如果每次的劳务收入不足4000元，则应交税额＝应纳税所得额×适用税率＝（每次收入额－800）×20%；（2）如果每次的劳务收入在4000元以上，则应交税额＝应纳税所得额×适用税率＝每次收入额×（1－20%）×20%；（3）如果每次劳务收入的应纳税所得额超过了20000元，则应交税额＝应纳税所得额×适用税率－速算扣除数＝每次收入额×（1－20%）×适用税率－速算扣除数。

111. 如何计算稿酬的个人所得税

答：稿酬所得指全国学会办事机构员工个人创作的作品以图书、报刊形式出版、发表而取得的收入所得。对于未以图书、报刊形式出版、发表的作品所取得的收入所得应归为劳务报酬所得，不享有稿酬所得优惠。

实务小贴士： 正式出版或发表作品的稿酬，个人所得税通常由出版单位代扣代缴。

112. 如何计算年终奖的个人所得税

答： 年终奖是指全国学会办事机构根据全年运营发展状况结合员工的综合考评情况，向员工发放的一次性奖金。年终奖所占比例有逐年增加趋势，相关制度由全国学会办事机构制定实施，可选择采用密薪或非密薪发放方式。

实务小贴士： 2022 年以前的年终奖可以选择适用单独计税或合并计税两种方式之一。2022 年只能选择合并计税方式，即年终奖和其他当年工资薪金、劳务报酬、稿酬、特许权使用费所得等综合所得一起按年度综合所得税率表合并计算。综合所得应纳税额=应纳税所得额=（年度综合所得收入−60000−专项扣除−专项附加扣除−其他扣除）×税率（年度税率）−速算扣除数。

113. 如何计算年度综合个人所得税

答： 个人所得税综合所得年度汇算清缴又称综合所得年度汇算，指在年度终了后，纳税人汇总工资薪金、劳务报酬、稿酬、特许权使用费四项综合所得的全年收入额，减去全年的费用和扣除，得出应纳税所得额并按照综合所得年度税率表，计算全年应纳个人所得税，再减去年度内已经预缴的税款，向税务机关办理年度纳税申报并结清应退或应补税款的过程。

实务小贴士： 全国学会办事机构员工的个人工资薪金、劳务报酬、稿酬、特许权使用费收入等四项并入综合所得，采取按年合并计税的方法，年度汇算的范围是指这四项纳入综合所得范围的收入。个人所得税综合所得年度汇算清缴仅限于计算并结清本年度的应退或者应补税款，不涉及以前或往后年度。年度汇算清缴的流程一般为：（1）选择办理方式；（2）选择办理渠道；（3）确定申报机关；（4）填写确认表单。员工在纳税年度内已依法预缴个人所得税且符合下列情形之一的，无须办理年度汇算：（1）年度汇算需补税但综合所得收入全年不超过 12 万元的；（2）年度汇算需补税金额不超过 400 元的；（3）已预缴税额与年度汇算应纳税额一致的；（4）符合年度汇算退税条件但不申请退税的。

114. 如何进行工资集体协商

答：工资集体协商是指全国学会办事机构员工代表与全国学会依法就全国学会办事机构内部工资分配制度、工资分配形式、工资收入水平等事项进行平等协商，在协商一致的基础上签订工资协议的行为。协商的内容可以是集体涨薪，也可以是特殊情形下的集体"降薪"。

实务小贴士：2020 年 2 月，人力资源社会保障部等 4 部门《关于做好新型冠状病毒感染肺炎疫情防控期间稳定劳动关系支持企业复工复产的意见》指出："对受疫情影响导致企业生产经营困难的，鼓励企业通过协商民主程序与职工协商采取调整薪酬、轮岗轮休、缩短工时等方式稳定工作岗位；对暂无工资支付能力的，要引导企业与工会或职工代表协商延期支付，帮助企业减轻资金周转压力。"集体协商的内容应当是工资调整机制，是针对全体办事机构员工的，具有整体性。降薪后员工工资低于办事机构所在地最低工资的，按最低工资发放。

115. 不按时支付工资的法律风险有哪些

答：根据《中华人民共和国劳动合同法》第三十条的规定：用人单位应当按照劳动合同约定和国家规定，向劳动者及时足额支付劳动报酬。全国学会办事机构不按时给劳动者发放工资，拖欠劳动者工资或者是克扣劳动者工资的：（1）员工可以解除劳动合同；（2）全国学会需要支付赔偿金。

实务小贴士：用人单位有下列情形之一的，由劳动行政部门责令限期支付劳动报酬、加班费或者经济补偿；劳动报酬低于当地最低工资标准的，应当支付其差额部分；逾期不支付的，责令用人单位按应付金额50%以上100%以下的标准向劳动者加付赔偿金。（1）未按照劳动合同的约定或者国家规定及时足额支付劳动者劳动报酬的；（2）低于当地最低工资标准支付劳动者工资的；（3）安排加班不支付加班费的；（4）解除或者终止劳动合同，未依照本法规定向劳动者支付经济补偿的。全国学会确因经营困难，资金周转受到影响，暂时无法按时支付工资的，经与本单位工会或员工代表协商一致，可以延期在一个月内支付劳动者工资，延期支付工资的时间应告知全体员工。

第九章　福利与社会保障管理

116. 什么是福利

答：福利是全国学会办事机构为了留住和激励员工，采用非现金形式的间接报酬。福利可分为法定福利，即"五险一金"；单位福利如津贴补助、带薪假期、补充保险、纪念日或节日福利、急难重要事件干预、团建活动等。

实务小贴士：福利是人力资源重要的柔性管理方式，可以实现：（1）改善劳动条件；（2）融洽人事关系；（3）叠加激励效果；（4）提升竞争优势。办事机构在实施福利制度时既要结合自身运用发展情况量力而行，又要针对员工构成特点、生活需要、心性喜好等进行个性化设计。

117. 如何进行福利管理

答：福利管理是全国学会办事机构按照法律规定和管理需要，科学规划福利体系、选择福利项目、确定福利标准、制定福利制度等的过程。

实务小贴士：全国学会办事机构进行有效的福利管理有利于增强员工的获得感、幸福感和归属感。在福利管理过程中应当遵循：（1）战略导向原则；（2）成本控制原则；（3）体系设计原则；（4）分类参与原则；（5）形式多样原则；（6）动态调整原则。福利是薪资基础上的激励加成，在作用发挥方面薪资体系是"锦"，单位福利是"花"。

118. 法定节假日有哪些

答：法定年节假日是由国家法律、法规统一规定的用以开展纪念、庆祝活动的休息时间，是劳动者重要的法定休息权利。根据最新规定，国家法定节假日总计 11 天。

实务小贴士：国家法定节假日具体包括：（1）元旦 1 天；（2）春节 3 天；（3）清明节 1 天；（4）劳动节 1 天；（5）端午节 1 天；（6）中秋节 1 天；（7）国庆节 3 天。全国学会办事机构在法定节假日前后应注意：（1）提前统筹安排；（2）加强安全管理；（3）发放适当福利；（4）谨慎安排加班；（5）做好假后调节。

119. 社会保险管理的重点

答：社会保险是由政府举办，通过法律强制规定，将某些群体的部分收入征收为保险基金，在满足一定条件的情况下，劳动者可以从基金中获得持续固定收入或针对损失损害的赔偿，是社会保障制度最重要的组成部分之一。在我国，社会保险主要包括养老保险、生育保险、工伤保险、医疗保险、失业保险。统称"五险"。

实务小贴士：社会保险的缴费基数，是指单位或者职工个人用于计算缴纳社会保险费的工资基数，用此基数乘以规定的费率，就是单位或者个人应该缴纳的社会保险费的金额。各地的社保缴费基数与当地的平均工资数据相挂钩。它是按照职工上一年度 1 月至 12 月的所有工资性收入所得的月平均额来确定的。每年确定一次，且确定以后，一年内不再变动，社保基数申报和调整的时间，一般是在 7 月。全国学会办事机构进行社会保险管理应遵循：（1）在全国学会成立 30 日内开户；（2）及时进行增员减员；（3）确认缴费基数；（4）进行保费缴纳；（5）开展必要讲解。此外，办事机构与员工约定，员工自愿放弃缴纳社保或少缴社保的，该约定违反法律强制性规定，为无效约定。

120. 公积金管理的主要内容

答：公积金是指住房公积金，是各机关企事业单位为其在职职工对等缴存的长期住房储蓄。公积金属于法定必须缴纳的，具有强制性。

实务小贴士：全国学会办事机构按规定进行公积金管理：（1）新成立的办事机构应及时建立所在地住房公积金缴存关系；（2）按照员工本人上一年度月平均工资计算住房公积金缴存基数，且不得低于当年最低工资标准；（3）最低缴存基数仅适用于生产经营确实困难的按照最低工资标准支付工资的单位；（4）住房公积金的缴存比例为5%~12%，经本单位职工大会、职工代表大会或工会讨论通过，在规定范围内确定具体缴存比例；（5）按规定购房、翻修房屋、自建房屋或租赁房屋可以提取公积金或申请公积金贷款；（6）失业、完全丧失劳动力、重大疾病也可申领使用公积金。

121. 企业年金的主要内容

答：企业年金是一种补充性养老金制度，是指企业及其职工在依法参加基本养老保险的基础上，自主建立的补充养老保险制度。企业年金已经成为一种较为普遍实行的企业补充养老金计划，又称为"企业退休金计划"或"职业养老金计划"，并且成为我国养老保险制度的重要组成部分。

实务小贴士：通过建立个人账户的方式，由企业和职工定期按一定比例缴纳保险费。其基本特征是：（1）简便易行，透明度较高；（2）缴费水平可根据企业经营状况作调整；（3）企业与职工缴纳的保险费免予征税，其投资收入予以减免税优惠；（4）职工个人承担有关投资风险，企业无风险。

122. 社会保险和商业保险有哪些区别

答：社会保险属于政策性保险，不以营利为目的；商业保险是有偿交易行为，以营利为目的。社会保险的对象是法律法规规定的社会劳动者，即工薪劳动者和雇佣劳动者，目的在于保障他们在老弱病和失业时的基本生活；商业保险的对象是自愿按照合同缴纳保险费的人，被保险对象是为了获得一定的经济补偿，遵循"多投多保，少投少保，不投不保"的等价交换原则。此外，商业保险与社会保险的区别还体现在管理体制、立法范畴、保险的实施方式及保险关系建立的依据等方面。

实务小贴士：全国学会办事机构可以根据福利规划，结合员工职级贡献和岗位职责，购买特定内容的商业保险，给予相应员工必要的补充保障。对于外勤业务较多的岗位可以购买集体意外伤害险，对于年龄较大的中高级管理人员，可以购买大病补充保险和补充养老保险。

123. 试用期是否需要缴纳社会保险

答：全国学会办事机构需要在用工之日起 30 日内，为试用期员工缴纳社会保险。

实务小贴士：《中华人民共和国社会保险法》第五十八条规定，用人单位应当自用工之日起三十日内为其职工向社会保险经办机构申请办理社会保险登记。《中华人民共和国劳动合同法》第十九条规定，劳动合同期限三个月以上不满一年的，试用期不得超过一个月；劳动合同期限一年以上不满三年的，试用期不得超过二个月；三年以上固定期限和无固定期限的劳动合同，试用期不得超过六个月。同一用人单位与同一劳动者只能约定一次试用期。以完成一定工作任务为期限的劳动合同或者劳动合同期限不满三个月的，不得约定试用期。试用期包含在劳动合同期限内。劳动合同仅约定试用期的，试用期不成立，该期限为劳动合同期限。因此，试用期员工与全国学会也存在劳动关系，受到劳动合同法的保护，用人单位就应依法为劳动者及时缴纳社会保险。具体缴纳时间可以安排在试用两周的中期面谈后，这样可以避免频繁的增减员操作。

124. 非全日制用工是否需要缴纳社会保险

答：通常情况下，全国学会办事机构不需要为非全日制用工缴纳社会保险。

实务小贴士：非全日制用工可以通过口头协议也可通过书面合同进行约定；双方当事人可以随时通知终止用工且不用支付任何补偿；非全日制用工的工资不能低于当地政府规定的最低小时工资标准。如果平均每日工作时间不超过 4 小时，每周工作时间累计不超过 24 小时，办事机构可以直接与劳动者订立非全日制用工合同。劳动者可以个人身份购买养老保险和医疗保险，但全国学会办事机构应当按照国家有关规定为建立劳动关系的非全日制劳动者缴纳工伤保险费。但有些地方规定非全日制用工的社会保险的缴纳依据全日制用工的标准。

125. 交通事故导致的工伤如何享受工伤待遇

答：根据《工伤保险条例》第三十条、第三十三条、第三十七条的相关规定，因第三人的原因造成的工伤，已经获得第三人的民事伤害赔偿后，受害人还可享受工伤补偿。享有工伤待遇是法律赋予劳动者的权利，也是保险机构和用人单位的法定义务。在因交通事故造成工伤后，工伤补偿与侵权赔偿不是同一民事责任的竞合，不能要求受害人只能选择一种请求赔偿。

实务小贴士：根据《工伤保险条例》第三十条规定，职工因工作遭受事故伤害或者患职业病进行治疗，享受工伤医疗待遇。

职工住院治疗工伤的伙食补助费，以及经医疗机构出具证明，报经办机构同意，工伤职工到统筹地区以外就医所需的交通、食宿费用从工伤保险基金支付。根据《工伤保险条例》第三十三条之规定，职工因工作遭受事故伤害或者患职业病需要暂停工作接受工伤医疗的，在停工留薪期内，原工资福利待遇不变，由所在单位按月支付。停工留薪期一般不超过十二个月。根据《工伤保险条例》第三十七条之规定，职工因工致残被鉴定为七级至十级伤残的，享受一次性伤残补助金；劳动、聘用合同期满终止，或者职工本人提出解除劳动、聘用合同的，享受一次性工伤医疗补助金和一次性伤残就业补助金。如果全国学会办事机构没有给员工缴纳工伤保险费，当工伤发生后，就应支付受伤员工应享有的工伤待遇。下列情形之一应当认定为工伤：（1）在工作时间和工作场所内，因工作原因受到事故伤害的；（2）工作时间前后在工作场所内，从事与工作有关的预备性或者收尾性工作受到事故伤害的；（3）在工作时间和工作场所内，因履行工作职责受到暴力等意外伤害的；（4）患职业病的；（5）因工外出期间，由于工作原因受到伤害或者发生事故下落不明的；（6）在上下班途中，受到非本人主要责任的交通事故或者城市轨道交通、客运轮渡、火车事故伤害的；（7）法律、行政法规规定应当认定为工伤的其他情形。

126. 如何确定退休日期

答： 退休指根据国家有关规定，劳动者因为年老或因工、因病致残，完全丧失劳动能力或部分丧失劳动能力而退出工作岗位。全国学会办事机构员工的法定退休年龄：（1）男年满六十周岁，女年满五十五周岁，参加工作年限满十年的；（2）男年满五十周岁，女年满四十五周岁，参加工作年限满十年，经过鉴定完全丧失工作能力的。

实务小贴士：退休时间应以社保部门批准的退休日期为准，在办理退休审批手续时可能出现社保部门审批的退休时间与员工预期的退休时间不一致的情形，此时应以人事档案记载的最早且有效的出生日期为准，确定退休日期。没有建立人事档案的员工，可采取以建立社会保险账户记载的出生日期与身份证相结合的原则确定退休日期。

127. 临近退休年龄但养老保险没有缴满15年怎么办

答：根据相关规定，参加基本养老保险的个人，达到法定退休年龄时累计缴费满15年的，按月领取基本养老金。

实务小贴士：全国学会办事机构参保员工达到法定退休年龄时，若城镇职工养老保险缴费不足15年，可以按照国家有关规定在待遇领取地延长缴费至满15年。如在《中华人民共和国社会保险法》实施（2011年7月1日）前参保，延长缴费5年后仍不足15年的，可以一次性缴费至满15年。2014年，人力资源和社会保障部就下发了《城乡养老保险制度衔接暂行办法》，其中明确规定：城镇职工和城乡居民养老保险，可以互转。因此，对于同时缴纳过城镇职工和城乡居民养老保险的员工，到了法定退休年龄以后，如果城镇职工养老保险缴费满15年的，可以申请从城乡居民养老保险转入城镇职工养老保险，按城镇职工养老保险办法办理退休，领取养老待遇。如果城镇职工养老保险缴费年限不满15年，也可以申请从城镇职工养老保险，转入城乡居民养老保险，按城乡居民养老保险办法，办理退休，领取养老待遇。但是在转换过程中，要注意个人账户金额、缴费年限、重复时间段缴费和领取待遇等问题。

128. 提前退休的条件有哪些

答：全国学会办事机构员工在没有达到国家规定的年龄和约定

的服务期限时，出现可以申请退休的情形，即可按程序办理退休手续。很多情况下，提前退休是由办事机构提出来的。

实务小贴士： 根据相关规定，公务人员在工龄达到 30 年，或者工作年限满 20 年，且距离国家规定的退休年龄不足 5 年的公务员，可以向所在单位申请提前退休。对于从事特殊特别繁重体力劳动等工作的，男性满 55 岁、女性满 45 岁的，可以申请提前退休，但全国学会办事机构一般不存在这种情况。对于因病、因伤导致完全丧失劳动能力的员工，男性满 50 岁、女性满 45 岁的，可以申请提前退休。在员工本人提出申请后，需要进行档案审核和医疗鉴定，只有符合条件（包括社保缴纳了 15 年以上），确认完全丧失劳动能力的，才可以办理提前退休。

129. 退休后的福利待遇

答： 按照相关规定，全国学会办事机构员工满足条件的，退休以后在享受社保养老金待遇外，还可以享受终身医保待遇和补充养老金待遇，以及国家规定的高龄老人补贴、独生子女津贴和北方地方规定的取暖补贴等。

实务小贴士： 在全国学会办事机构员工达到法定退休年龄，且医保缴费满足国家规定的最低年限的，退休后不用再继续缴费，能够享受终身的医保待遇。医保的最低缴费年限要求跟养老保险的最低缴费年限是不一样的。养老保险对于缴费年限的要求是累计交满 15 年，而医疗保险的缴费时间由各地自行规定，需要全国学会办事机构特别关注。企业年金和职业年金两种年金制度都是由办事机构与员工共同缴费建立的。一般个人缴费不超过缴费基数的 10%，办事机构缴费不超过 8%，企业年金可以在退休时一次性领取，而职业年金只能够按月领取。退休待遇包含基本养老保险退休待遇和基本医疗保险退休待遇。基本养老保险退休待遇就是常说的每月领取的养老金，参保人员退休时累计缴费年限满 15

年可享受退休人员养老待遇。基本医疗保险待遇就是退休后持卡就医享受的医疗保险待遇，参保人员退休时累计缴费年限男满25年、女满20年的可享受退休人员医保待遇。

130. 居家办公需要注意哪些事项

答：居家办公是指在疫情防控或台风、洪水等自然灾害管控情况下，全国学会办事机构基于互联网或其他方式开展岗位工作的一种办公方式。当然也有部分技术单位在日常情况下采用居家办公方式，但需要员工有高度的自觉性和完善的绩效评价机制。

实务小贴士：由于居家办公期间难以对员工的工作时间和工作状态进行考核，很多单位在员工居家办公期间直接通知采取集体降薪的方式。但根据相关规定，无论居家办公还是到单位上班，只要劳动者完成劳动合同约定的义务便能获得相应报酬。受疫情防控或台风、洪水等自然灾害影响，用人单位可能出现财务困难，这时应与劳动者协商，通过民主程序进行协商达成一致意见后，可以降薪。否则，用人单位单方面降低劳动者薪资属于违法行为。在员工居家办公期间，全国学会办事机构的考勤方式可以灵活处理，以员工完成的工作内容和成果进行绩效考核适应性调整。如果办事机构在员工居家办公期间安排劳动者加班，劳动者可以主张加班费。

第十章　离职管理

131. 什么是离职管理

答：离职管理是指全国学会办事机构在员工离职过程中及离职后的人力资源管理过程，包括流程设置、申请办理、离职处理和职后管理等内容。

实务小贴士：全国学会办事机构员工离职包括试用期内离职、劳动合同期满不再续约、劳动合同期内离职或辞退等结束劳动关系的情况。离职管理是办事机构"选用育留"管理工作的最后一环，而且作用越发重要。离职管理一般通过规范的流程，促进离职的员工完整交接工作，保障双方权益、避免矛盾纠纷和规避法律风险。

132. 离职管理的一般流程是什么

答：全国学会办事机构员工离职的一般流程包括：（1）填写离职单；（2）参与离职面谈；（3）核准离职申请；（4）开展业务交接；（5）监督进行办公用品及全国学会办事机构财产的移交；（6）人员退保操作；（7）离职生效和财务部门进行离职结算；（8）离职人员档案存档；（9）整合分析离职原因；（10）离职后续管理。

实务小贴士：通常全国学会办事机构员工应当提前30天（试用期内提前3天）提出离职申请；领取和填报《员工离职申请

表》；进行业务交接和财产移交。全国学会办事机构在员工劳动合同期满前至少 30 天，可向员工及其所在部门发出《劳动合同期满处置意见征询单》，根据征询意见开展后续工作；按照级别对离职员工进行面谈，并做好面谈记录；指导拟离职员工填写《员工离职申请表》；办理申报减员；按照法律规定对离职员工进行经济补偿。有下述情况办事机构可以向员工主张补偿：（1）由全国学会出资培训的员工，劳动合同期未满，因个人原因提出提前解除劳动合同关系时，按照《培训管理制度》相关规定进行赔偿。（2）与全国学会签订竞业限制条款或保密条款的员工离职后，员工违反竞业限制、竞业禁止、保密约定的，应当按照约定向全国学会支付违约金。依法离职员工其未发放薪资仍不足以冲抵其应支付款项的，差额部分向全国学会进行赔偿。

133. 什么是离职证明

答：离职证明是指全国学会办事机构要求应聘员工提交的其与原任职单位解除劳动合同的书面证明，也是用人单位与劳动者解除劳动关系后必须出具的书面证明材料。离职证明有如下作用：（1）证明应聘人与原单位已经解除劳动关系；（2）证明应聘人与原单位已经办结离职手续；（3）证明应聘人处于求职期间；（4）可据此接转聘用者人事、社保关系。

134. 如何进行离职面谈

答：离职面谈是当全国学会办事机构明确获知员工的离职意向并启动离职程序后，相应部门管理者与拟离职员工进行的面谈。离职面谈的主要目的是确定离职原因、缓和员工关系、促进业务交接、进行专门挽留等。

实务小贴士：一般员工的离职面谈由负责人力资源管理的部门负责实施；中高级管理人员应由办事机构主要负责人负责实施。

离职面谈也可适时由拟接任离职者的员工参与，除去业务交接外还可交流知识、经验。办事机构进行离职管理应注意：（1）离职员工信息搜集；（2）慎重选择进行面谈人员；（3）正确选定沟通目标策略；（4）表达善意，建立信任关系；（5）做好面谈记录，分析离职原因。在离职面谈后，还应多渠道核实面谈信息真伪和采取对应改进措施。对于离职意向坚决的员工，也可在离职程序办理完毕以后进行二次面谈，有可能获得进一步的管理信息。员工离职的原因一般是客观因素为主、主观因素为辅，极少数入职时存有其他动机的员工离职原因才是主观因素为主。其中，源于办事机构的客观因素包括薪资福利、工作强度、管理制度、发展前景等；源于员工个人的主观因素包括职业倦怠、人际关系、晋升可能、缺乏信心等；源于员工个人的客观因素包括外迁异地、择业转行、求学、跳槽等。针对确定的关键离职原因，如需要对拟离职员工进行挽留，就应仔细筹划、对症施策。但因客观因素离职的员工一般难以挽留。

135. 如何劝退不合格员工

答：劝退是指全国学会办事机构通过劝告的方式，说服绩效评价结果长期较差，难以胜任岗位平均水平的员工主动辞职解除劳动关系的工作过程。出现需要劝退不合格员工的情形，在一定程度上说明前期人力资源工作存在把关不严、教导不力等问题，劝退是"亡羊补牢"的措施，对相关人员的沟通能力水平要求较高。

实务小贴士：在实际工作中，也有的单位通过如下方式进行"隐性"劝退：（1）事先绩效约定；（2）频繁调整岗位；（3）重大任务施压；（4）依据制度降级；（5）达成困境理解；（6）一次补偿内退。但任何劝退行为都有可能导致员工的负面情绪，激化潜在矛盾，导致法律风险。因此还是建议尽量少采取针对性的"劝退"方法，而是通过营造整体的"比学赶帮超"氛围，顺其自然地淘汰不合格的员工。

136. 员工非正常离职怎么办

答：非正常离职包括员工单方解除劳动合同、用人单位单方解除劳动合同、经济性裁员以及员工未正常履行规定程序擅自离职等情形。全国学会办事机构应当特别制订员工未履行规定程序擅自离职工作预案。

实务小贴士：员工未正常履行规定程序擅自离职的情形包括员工擅自离岗出走或离职手续未办理完毕即离开两种情形。全国学会办事机构可根据管理制度对上述员工按照旷工处理给予除名，停止继续为其缴纳社会保险和公积金。如果员工是因为情绪过激擅自离职的，办事机构要进行追踪安抚，避免后续问题复杂化；如果员工是恶意擅自离职并造成全国学会损失的，可以申请劳动仲裁主张权益。

137. 已提交的辞职书是否可以撤回

答：全国学会办事机构员工按规定提交离职申请即辞职书后，不能单方面撤回辞职书或辞职申请。在这种情况下，只有办事机构同意其撤回，方可撤回；否则只能按照程序在规定时间内办理离职手续。

实务小贴士：全国学会办事机构的在职员工只要提前 30 日以书面形式通知办事机构就可以按照程序解除劳动合同；员工递交辞职报告或辞职申请，并不需要经过办事机构的批准或者同意。

138. 哪些情况员工可以随时解除劳动合同

答：根据《中华人民共和国劳动合同法》第三十六条规定，用人单位与劳动者协商一致，可以解除劳动合同。根据《中华人民共和国劳动合同法》第三十八条规定，全国学会办事机构有下列情形之一的，员工可以解除劳动合同：（1）未按照劳动合同约定提供劳动保护或者劳动条件的；（2）未及时足额支付劳动报酬的；（3）未依法为劳动者购买社会保险的；（4）用人单位的规章制度违反法律、法规的规定，损害劳动者权益的；（5）因该法第二十六条第一款规定的情形致使劳动合同无效的；（6）法律、行政法规规定劳动者可以解除劳动合同的其他情形。除非用人单位以暴力、威胁或者非法限制人身自由的手段强迫劳动的，劳动者可以立即解除劳动合同，且无须事先告知用人单位；其他情况员工仍要告知用人单位，履行离职手续并主张用人单位支付经济补偿金。

实务小贴士：全国学会办事机构员工可以随时解除劳动合同的情形具体可能为：（1）强行给员工"放假""停工"的，可被视为未按照劳动合同约定提供劳动条件；（2）未达成一致却延迟发放工资或不支付、少支付加班费的，可被视为未及时足额支付劳动报酬；（3）未缴纳社会保险或缴纳标准低于法定标准的，可被视为未依法为劳动者缴纳社会保险；（4）制度中规定加班不支付加班费或未经批准不得辞职等的，可被视为违反法律法规的规定。《中华人民共和国劳动合同法》第二十六条第一款规定的导致劳动合同无效或部分无效的情形包括：（1）以欺诈、胁迫的手段或者乘人之危，使对方在违背真实意思的情况下订立或者变更劳动合同的；（2）用人单位免除自己的法定责任、排除劳动者权利的；（3）违反法律、行政法规强制性规定的。对劳动合同的无效或者部分无效有争议的，由劳动争议仲裁机构或者人民法院确认。

139. 哪些情况单位可以单方解除劳动合同

答：根据《中华人民共和国劳动合同法》第三十九条规定，劳动者有下列情形之一的，用人单位可以单方解除劳动合同：（1）在试用期间被证明不符合录用条件的；（2）严重违反用人单位的规章制度的；（3）严重失职，营私舞弊，给用人单位造成重大损害的；（4）劳动者同时与其他用人单位建立劳动关系，对完成本单位的工作任务造成严重影响，或者经用人单位提出，拒不改正的；（5）因本法第二十六条第一款第一项规定的情形致使劳动合同无效的；（6）被依法追究刑事责任的。

实务小贴士：全国学会办事机构在依法单方解除员工劳动合同时应注意：（1）员工在试用期间的，办事机构须形成并留存员工不符合录用条件的证明；（2）员工严重违反规章制度的，办事机构须有相应规章制度规定以及留存该员工严重违纪的事实证据及公示的证明；（3）员工严重失职、营私舞弊的，办事机构应搜集、留存、固化相应的证据和造成全国学会损失的证明；（4）员工同时与其他用人单位建立劳动关系的，办事机构应有确凿的证据证明其对办事机构工作造成严重影响的，但下班后的兼职不在此列；（5）被依法追究刑事责任的，不包括行政拘留、劳动教养等法律处罚。此外，发生如下情形的，办事机构可在支付法定赔偿金后与员工解除劳动合同：（1）员工患病或者非因工负伤，在规定的医疗期满后不能从事原工作，也不能从事由办事机构另行安排工作的；（2）员工不能胜任工作，经过培训或者调整工作岗位，仍不能胜任工作的；（3）劳动合同订立时所依据的客观情况发生重大变化，致使劳动合同无法履行，经办事机构与员工协商，未能就变更劳动合同内容达成协议的。此三种情形也需要办事机构有充足的证据证明。

140. 协商一致解除劳动合同有哪些注意事项

答：根据《中华人民共和国劳动法》第二十四条和《中华人民共和国劳动合同法》第三十六条的规定，经用人单位与劳动者协商一致，可以解除劳动合同。如果是员工提出解除劳动合同并协商一致的，用人单位不需要支付经济补偿金。由用人单位提出解除劳动合同并协商一致的，用人单位应当按劳动者在本单位工作的年限，每满一年支付一个月工资的标准向劳动者支付经济补偿，但最高不超过 12 个月。

实务小贴士：全国学会办事机构与员工协商解除劳动合同应签订解除劳动关系协议或离职协议进行书面确认。在协议中应明确以下内容：（1）明确劳动合同解除的类型；（2）明确解除劳动合同的提出方；（3）明确解除劳动合同的具体时间；（4）明确解除劳动合同后员工的义务；（5）明确是否需要支付经济补偿金，需要支付的还应明确支付金额；（6）明确其他应由单位支付的费用；（7）明确重申竞业限制和保守商业秘密相关义务，之前没有约定的可以在协议中进行专门约定。

141. 什么是经济性裁员

答：经济性裁员是指劳动合同订立时所依据的客观经济情况发生重大变化，致使劳动合同无法履行，或者在经营中遇到严重困难，用人单位需要裁减 20 人以上或者裁减不足 20 人但占企业职工总数 10% 以上的人员。经济性裁员作为改善用人单位生产经营状况的一种手段，其目的是保护自己在市场经济中的竞争和生存能力。

实务小贴士：全国学会办事机构如需要进行经济性裁员，需要注意：（1）不得以员工过错或员工客观上不适宜为前提；（2）执行程序应区别于《中华人民共和国劳动合同法》第四十条第三款中规定的客观情况发生重大变化导致劳动合同无法履行，而解除合同的情形；（3）仍需要按照相关规定向员工支付经济补偿金。经济性裁员的法定程序为：提前告知并听取意见—方案报备—解除合同。当办事机构裁员人数达到经济性裁员的要求时，可以用经过报备的程序替代与员工逐个协商的程序，以此降低解除劳动关系的成本，实现裁员的目的。

142. 经济性裁员需要满足哪些条件

答：全国学会办事机构进行经济性裁员应满足以下条件：（1）裁减人员 20 人以上或者裁减不足 20 人但占企业员工总数 10%以上；（2）按照法律规定进行重整的；（3）生产经营发生严重困难的；（4）转产、重大技术革新或者经营方式调整，经变更劳动合同后，仍需裁减人员的；（5）其他因劳动合同订立时所依据的客观经济情况发生重大变化，致使劳动合同无法履行的。

实务小贴士：全国学会办事机构应按照如下程序进行经济性裁员：（1）提前 30 日向工会或者全体员工说明情况，并听取工会或者员工的意见；（2）向劳动行政部门报告裁减人员方案；（3）根据劳动行政部门的意见与工会、员工的意见，正式公布裁减人员方案，与被裁减人员办理解除劳动合同手续，并支付经济补偿金。以下员工一般不得列入经济裁员对象：（1）从事接触职业病危害作业的员工未进行离岗前职业健康检查，或者疑似职业病病人在诊断或者医学观察期间的；（2）患职业病或者因工负伤并被确认丧失或者部分丧失劳动能力的；（3）患病或者非因工负伤，在规定的医疗期内的；（4）女员工在孕期、产期、哺乳期的；（5）在全国学会连续工作满 15 年的，且距法定退休年龄不足 5 年的；（6）法律、行政法规规定的其他情形。在经济性裁员过程中应优先挽留如下人员：（1）订立较长期限的固定期限劳动合同的；（2）订立无固定期限劳动合同的；（3）家庭无其他就业人员，有需要扶养的老人或者未成年人的。全国学会办事机构在 6 个月内重新招用人员的，应当通知被裁减的人员，并在同等条件下优先招用被裁减的人员。

143. 离职可能导致的法律风险有哪些

答：员工离职期间是全国学会办事机构法律风险发生最多也最

容易发生劳动纠纷的阶段。过错性解除劳动合同、非过错性解除劳动合同或经济性裁员时等情形可导致法律风险的原因各有不同。

　　实务小贴士：过错性解除劳动合同指因员工严重违反全国学会办事机构规章制度，全国学会与员工解除劳动合同的情形，可能导致的法律风险有：（1）因员工严重违反规章制度证据不足，导致解除劳动合同决定被认定无效；（2）因规章制度的制定或公布不符合法定程序，导致解除劳动合同决定被撤销；（3）因未按程序解除劳动合同，导致解除劳动合同决定无效；（4）因未向员工送达解除决定，导致解除劳动合同决定被撤销。非过错性解除劳动合同指因客观原因，全国学会与员工解除劳动合同的情形，可能导致违法解除劳动合同的风险有：（1）未按规定提前30日通知员工或额外支付员工1个月工资；（2）员工不胜任工作，未能经过培训或调整工作岗位就与其解除劳动合同；（3）员工患病或非因工负伤时，医疗期未满或医疗期满后未另行安排工作就与员工解除劳动合同。另外，全国学会未按规定足额支付经济补偿金，会导致被员工主张赔偿。经济性裁员可能导致的法律风险有：（1）未经法定程序进行经济性裁员；（2）与不适用经济性裁员的员工解除劳动合同。员工主动离职可能导致的法律风险有：（1）员工口头辞职，办事机构未保留相关证据，事后员工反悔，以全国学会办事机构违法解除劳动合同为由追究全国学会责任；（2）员工主动辞职，办事机构未办理解除手续或送达解除决定，导致解除劳动合同决定被撤销。（3）办事机构未办理档案移交或无正当理由拒绝移交档案，导致承担法律责任。协商一致解除劳动合同可能导致的法律风险有：（1）未签订离职协议，员工事后反悔，导致解除劳动合同违法；（2）员工与办事机构就支付工资报酬、加班费、经济补偿金或赔偿金达成的协议违反法律规定，导致解除劳动合同决定被认定无效。

144. 如何防范离职的法律风险

答：全国学会办事机构防范员工离职法律风险，一方面应加强人力资源管理的规范性，避免自身"过错"；另一方面应有化解矛盾、控制进程、留存证据的意识和行动。

实务小贴士：全国学会办事机构防范员工离职法律风险应注意：（1）依法依规，通过民主程序制定离职相关规章制度，并需要向员工公示；（2）严格员工离职程序，杜绝随意办理离职手续的情况出现；（3）对员工过错和造成的损失皆应以书面的形式固定留存，并尽可能让员工签字；（4）应尽可能以书面形式征求工会意见；（5）应制作内容完整规范的离职协议书，作为协商离职约定内容的主要凭据；（6）相关法律文书如果员工拒绝签收，办事机构可通过邮寄的方式送达员工，并注意保留快递单据及发票；（7）跟进完成离职后的手续，包括档案交接、保险转移、费用结算、工作交接等。当然，最重要的是全国学会办事机构要尽力避免各种离职情形下可能导致的法律风险的出现。

第十一章　制度管理

145. 制度管理应遵循哪些原则

答：全国学会办事机构的制度管理是其运营管理的重要内容之一。包括制度的设计、制度的制定、制度的颁布、制度的实施、制度的反馈和制度的完善等。制度通常具有以下特点：（1）指导性；（2）约束性；（3）激励性；（4）规范性；（5）程序性；（6）普适性；（7）稳定性。

实务小贴士：全国学会办事机构进行制度管理时应遵循：（1）适用性原则，要结合实际，避免直接"照搬套用"；（2）科学性原则，要遵照客观规律和经典理论，避免陷入"管理陷阱"；（3）必要性原则，要针对重复性问题和高概率风险进行针对性归置，避免"繁复过细"；（4）合法性原则，要与相关法律法规和规范性文件的规定保持一致，避免"违法责任"；（5）体系性原则，应明确制度的管理主题、对象、内容和保障措施及与其他制度的衔接配套，避免"各执一词"；（6）严肃性原则，要按程序制定、修订规定制度和严格制度的执行，避免"朝令夕改"；（7）公开性原则，要按程序向员工进行公开确保获知，避免"束之高阁"。

146. 规章制度的生效程序有哪些

答：根据相关法律规定，全国学会办事机构制定的规章制度，需要经过前置的民主程序，才能发生效力，并作为管理员工的依据。员工人数较少时，可通过全体职工大会讨论审议；员工人数较多时，可通过职工代表大会讨论审议。有些与员工切身利益不紧密的规章制度，虽然未经过上述民主程序，但其内容未违反法律、行政法规及政策规定，又不存在明显不合理情形，且已向员工公示或告知的，也能够发生效力。

实务小贴士：《中华人民共和国劳动合同法》第四条规定，用人单位在制定、修改或者决定有关劳动报酬、工作时间、休息休假、劳动安全卫生、保险福利、职工培训、劳动纪律以及劳动定额管理等直接涉及劳动者切身利益的规章制度或者重大事项时，应当经职工代表大会或者全体职工讨论，提出方案和意见，与工会或者职工代表平等协商确定。全国学会办事机构在经过民主程序时，应做好签到表、会议纪要等书面材料的归集存档工作。同时，应充分发挥好工会作用。还需要在制度条款中明确制度生效实施的具体时间。全国学会办事机构新制定或修订规章制度皆应执行上述程序。

147. 《员工手册》的主要作用

答：《员工手册》是指导规范员工工作行为的通用行为准则，是全国学会办事机构员工在内部开展各项工作的流程标准和奖惩依据。《员工手册》一方面可以促进新入职员工迅速了解全国学会的历史、文化、模式、政策、制度和规范；另一方面可以规范员工的日常行为，强化规定要求和标准流程，以提升办事机构的运行效率。

实务小贴士：全国学会办事机构在编制《员工手册》时应注意：（1）结合全国学会特点，应重点参照相关的行业标准，提出有利于运营发展的基本要求和基本规则；（2）基于制度体系，应重点对办事机构的人事管理制度和用工管理制度进行具体化描述和归集，其规则要全面反映全国学会办事机构人事管理和用工管理的基本思想和内涵，确保一致性；（3）围绕发展战略，应围绕全国学会中长期发展目标和策略，进行具体规划和形象描述。

148. 《员工手册》的一般内容

答：各单位的《员工手册》具体管理规则各有不同，但在内容体例上有相通之处。全国学会办事机构的《员工手册》内容一般应包括：（1）全国学会历史和发展现状；（2）治理结构和组织架构；（3）基本形象和行为规范；（4）日常管理和绩效评价；（5）人事管理和用工管理；（6）考勤管理和培训管理；（7）试用流程和考选标准；（8）全国学会文化和团队建设；（9）使用说明和修改程序等。

实务小贴士：全国学会办事机构《员工手册》的用工管理部分应包括：（1）总体要求；（2）聘用任免；（3）职级规则；（4）工作时间；（5）假期及请假；（6）薪资构成及发放；（7）安全卫生；（8）礼仪素养；（9）行政事务。人事管理部分应包括：（1）总体要求；（2）任用制度；（3）岗位职责；（4）福利保险；（5）出差报销。培训管理部分应包括：（1）培训方法；（2）培训费用。《员工手册》经过民主程序讨论通过后，生效版本需要向全体员工公示，并且要求员工签收。

149. 如何制定和实施纪律管理制度

答：全国学会办事机构在制定纪律管理制度时应明晰设计思路，明确管什么、谁来管、谁应做、怎样做和做好做差的区别对待，并结合组织架构、部门职能、业务流程、行为标准进行明确。

实务小贴士：全国学会办事机构制定和实施纪律管理制度，主要是为强化员工遵章守纪的主动性和自觉性，规范日常工作行为，维护办事机构正常运营管理秩序。全国学会办事机构的纪律制度除针对员工日常行为外，还应当重点围绕重大活动、主要业务进行纪律规制。如分支机构管理办法、会员服务管理办法、数据信息管理办法、学术活动管理办法、宣传舆情管理办法等。办事机构在实施纪律管理制度时，关键在于持续宣贯、严格执行、及时反映、奖惩分明。纪律管理制度和绩效管理制度各有侧重、相辅相成。

150. 如何制定和实施考勤管理制度

答：考勤制度是全国学会办事机构最基础的一项纪律管理制度，主要是为了规制在职员工和实习生的出勤率以及评价出勤工作情况。很多单位还将加班、假期等内容一并在考勤制度中予以规定。

实务小贴士：全国学会办事机构考勤制度一般包括：（1）管理目的；（2）适用范围；（3）主责部门；（4）工作时间；（5）考勤内容；（6）迟到早退；（7）旷工认定；（8）奖惩办法；（9）病假事假；（10）请销假流程；（11）考勤制度说明；（12）考勤结果应用。

151. 如何制定和实施出差管理制度

答：全国学会办事机构对员工因公出差活动进行全过程管理，主要目的是降低出差成本和提高出差效率。出差管理制度一般包括出差流程、出差预算、出差绩效、出差补助、出差安全等内容。

实务小贴士：全国学会办事机构制定出差制度一般应包括：（1）管理目的；（2）适用范围；（3）主责部门；（4）出差流程；（5）费用标准；（6）报销流程；（7）重要情况汇报；（8）任务督导；（9）安全要求；（10）奖惩办法；（11）出差制度说明；（12）管理结果应用。在出差制度实施过程中办事机构要注重：（1）出差前的计划，明确目标、任务、进程、预算；（2）出差中的督导，特别是重要事项和突发情况的及时请示汇报和重大任务的监督辅导；（3）出差后的总结，特别是出差目标的实现情况和关键任务成果的达成情况。

152. 如何进行调岗管理

答：全国学会办事机构的每个工作岗位都有相应的职责，办事机构不能任意安排员工处理超出职责的工作内容，更不能随意调整员工的职务薪资。根据《中华人民共和国劳动合同法》的相关规定，员工的工作时间、工作场所、工作岗位、工作内容和工作薪资等的约定，应明确载明在劳动合同中。任何一方要变更劳动合同上述内容，需要双方协商一致，并以书面形式进行变更。

实务小贴士：全国学会办事机构可以依法调整员工工作岗位的情形包括：（1）口头调岗。调整工作岗位未采用书面形式，但已经实际履行了口头变更的劳动合同超过一个月，且变更后的劳动合同内容不违反法律、行政法规、国家政策以及公序良俗的。（2）员工不能胜任的调岗。只要有相应规章制度和考评材料作为依据，可以不需要与员工协商一致。（3）因运营管理需要进行调岗。需要充分与员工交流说明并达成一致。（4）客观情况发生重大变化时的调岗。应有外部可获取资料进行证明。（5）脱密期调岗。相关规则应写入劳动合同或有专门的制度规定，一般在掌握关键商业秘密的员工离职前6个月进行岗位调整。（6）孕期、哺乳期调岗。对于处于孕期、哺乳期的女员工，应根据医疗机构的证明，予以减轻劳动量或者安排其他能够适应的岗位。（7）临时性调岗。通常是在重大任务、项目期间或存在其他岗位缺员的情况下，办事机构可以自主决定进行临时性岗位调整，员工应服从安排。（8）因工伤、职业病的调岗。对不适宜继续从事原工作的患职业病员工、因工受伤员工，应当调离原岗位，合理安排工作岗位。有条件的全国学会办事机构也可以制定实施"轮岗"的相应制度。

第十二章 员工关系管理

153. 什么是全国学会文化

答： 全国学会文化即科技社团组织文化，是全国学会的价值观、信念、形象、愿景和特有的为人规则、行为方式共同构建出来的柔性工作环境和氛围。全国学会文化会影响到办事机构运营管理的各个方面，也通过员工的各种工作行为体现和强化全国学会文化。

实务小贴士： 全国学会文化是在长期运营发展过程中，所创造和累积的独具特色的精神财富和行为习惯。一般包括发展愿景、文化观念、价值理念、职业精神、道德规范、行为准则、服务标准、历史传承、规章制度、工作环境等方面。其中全国学会与员工达成一致的价值观是全国学会文化的核心。全国学会可学习借鉴科学家精神提炼总结价值观。办事机构负责人是全国学会文化的最主要践行者和实证者。

154. 如何进行全国学会文化建设管理

答： 全国学会办事机构进行文化建设管理，一方面要不断建立健全、完善优化全国学会文化内涵；另一方面要推动学会文化融入贯穿在办事机构运营管理的各个方面，并持续予以引导、强化、巩固。

实务小贴士： 全国学会办事机构进行文化建设管理通常包括文

化累积、文化提炼、文化融合和文化再造四个阶段。其中：
（1）文化累积阶段，主要是通过全国学会运营发展过程中逐渐形成的外部行之有效、内部广泛认同的价值理念和行为特质。这种价值理念和行为特质是学会文化的准则和基石，其在巨大利益和矛盾冲突情境下的行为选择，表现得尤为突出。（2）文化提炼阶段，主要是在全国学会取得一定发展、形成一定规模时，对过往成功进步的核心因素进行及时的充分讨论和提炼总结，这对全国学会文化建设具有重要参考意义，而且能够获得员工广泛的认同感。（3）文化融合阶段，主要是在全国学会的当下工作和未来发展过程中，在更大的范围内进行全国学会文化的传播和实践，以及通过不同内部沟通渠道载体的搭建，促成员工更加深入的认同和遵从。（4）文化再造阶段，主要是在全国学会发展到新的阶段，有了新的经验积累和成功体会后，面对新趋势、新问题、新挑战对文化内容的完善优化。

155. 什么是员工关系管理

答：员工关系管理从广义上讲就是在全国学会办事机构人力资源管理体系中，各级管理人员和人力资源管理人员通过制定实施各项人力资源制度和运用其他管理手段调节全国学会办事机构与员工、部门与员工、员工与员工之间的关系进一步融洽和谐，促进全国学会目标实现的过程。从狭义上讲，员工关系管理专指全国学会办事机构与员工间的关系、氛围管理，主要通过运用柔性的、激励性的、非强制性的方法，引导建立积极向上的工作氛围，提高员工对全国学会的满意度，进而支持全国学会其他运营管理目标实现的过程。

实务小贴士：如果频繁出现如下状况，则全国学会办事机构应当加强员工关系管理：（1）负责人多讨论如何让员工努力工作，却少关注如何实现对员工的义务承诺和给予必要的引导支持；

（2）部门负责人多抱怨其他部门推诿工作不配合，却少反思自己如何配合别人；（3）普通员工多针对骨干员工非议放大缺点，却少总结学习优秀员工的长处。良好的员工管理可以促进提升办事机构整体的工作状态、工作效率和工作氛围，对此，全国学会办事机构负责人应高度重视。

156. 员工关系管理的主要内容

答： 广义的员工关系管理包括：劳动关系管理、员工纪律管理、员工沟通管理、员工活动管理和文化建设管理等泛人力资源管理方面的内容。狭义的员工关系管理专指员工沟通管理、员工活动管理和文化建设管理三方面的内容。

实务小贴士： 全国学会办事机构的员工沟通管理包括异议申诉管理、人际关系管理、满意度调查、心理辅导服务和员工援助关怀等内容；员工活动管理包括学习培训、团队建设、文化娱乐等内容；文化建设管理包括宗旨提炼、愿景描述、品牌塑造、榜样树立等内容。这其中，引导办事机构员工认同全国学会发展的愿景是员工关系管理的起点，完善的激励约束发展机制是员工关系管理的基础，从员工需求、激励方式、员工定位、相应行为四个维度的互融互促促成全国学会与员工的心理契约是核心，部门负责人是员工关系管理的关键对象和首要负责人。

附　录

中华人民共和国劳动法

（1994年7月5日第八届全国人民代表大会常务委员会第八次会议通过

根据2009年8月27日第十一届全国人民代表大会常务委员会第十次会议《关于修改部分法律的决定》第一次修正

根据2018年12月29日第十三届全国人民代表大会常务委员会第七次会议《关于修改〈中华人民共和国劳动法〉等七部法律的决定》第二次修正）

目　录

第一章　总　则

第二章　促进就业

第三章　劳动合同和集体合同

第四章　工作时间和休息休假

第五章　工　资

第六章　劳动安全卫生

第七章　女职工和未成年工特殊保护

第八章　职业培训

第一章　总　则

第一条　为了保护劳动者的合法权益，调整劳动关系，建立和维护适应社会主义市场经济的劳动制度，促进经济发展和社会进步，根据宪法，制定本法。

第二条　在中华人民共和国境内的企业、个体经济组织（以下统称用人单位）和与之形成劳动关系的劳动者，适用本法。

国家机关、事业组织、社会团体和与之建立劳动合同关系的劳动者，依照本法执行。

第三条　劳动者享有平等就业和选择职业的权利、取得劳动报酬的权利、休息休假的权利、获得劳动安全卫生保护的权利、接受职业技能培训的权利、享受社会保险和福利的权利、提请劳动争议处理的权利以及法律规定的其他劳动权利。

劳动者应当完成劳动任务，提高职业技能，执行劳动安全卫生规程，遵守劳动纪律和职业道德。

第四条　用人单位应当依法建立和完善规章制度，保障劳动者享有劳动权利和履行劳动义务。

第五条　国家采取各种措施，促进劳动就业，发展职业教育，制定劳动标准，调节社会收入，完善社会保险，协调劳动关系，逐步提高劳动者的生活水平。

第六条　国家提倡劳动者参加社会义务劳动，开展劳动竞赛和合理化建议活动，鼓励和保护劳动者进行科学研究、技术革新和发明创造，表彰和奖励劳动模范和先进工作者。

第七条　劳动者有权依法参加和组织工会。

工会代表和维护劳动者的合法权益，依法独立自主地开展活动。

第八条　劳动者依照法律规定，通过职工大会、职工代表大会或者其他形式，参与民主管理或者就保护劳动者合法权益与用人单位进行平等协商。

第九条　国务院劳动行政部门主管全国劳动工作。

县级以上地方人民政府劳动行政部门主管本行政区域内的劳动工作。

第二章　促进就业

第十条　国家通过促进经济和社会发展，创造就业条件，扩大就业机会。

国家鼓励企业、事业组织、社会团体在法律、行政法规规定的范围内兴办产业或者拓展经营，增加就业。

国家支持劳动者自愿组织起来就业和从事个体经营实现就业。

第十一条　地方各级人民政府应当采取措施，发展多种类型的职业介绍机构，提供就业服务。

第十二条　劳动者就业，不因民族、种族、性别、宗教信仰不同而受歧视。

第十三条　妇女享有与男子平等的就业权利。在录用职工时，除国家规定的不适合妇女的工种或者岗位外，不得以性别为由拒绝录用妇女或者提高对妇女的录用标准。

第十四条　残疾人、少数民族人员、退出现役的军人的就业，法律、法规有特别规定的，从其规定。

第十五条　禁止用人单位招用未满十六周岁的未成年人。

文艺、体育和特种工艺单位招用未满十六周岁的未成年人，必须遵守国家有关规定，并保障其接受义务教育的权利。

第三章 劳动合同和集体合同

第十六条 劳动合同是劳动者与用人单位确立劳动关系、明确双方权利和义务的协议。

建立劳动关系应当订立劳动合同。

第十七条 订立和变更劳动合同，应当遵循平等自愿、协商一致的原则，不得违反法律、行政法规的规定。

劳动合同依法订立即具有法律约束力，当事人必须履行劳动合同规定的义务。

第十八条 下列劳动合同无效：

（一）违反法律、行政法规的劳动合同；

（二）采取欺诈、威胁等手段订立的劳动合同。

无效的劳动合同，从订立的时候起，就没有法律约束力。确认劳动合同部分无效的，如果不影响其余部分的效力，其余部分仍然有效。

劳动合同的无效，由劳动争议仲裁委员会或者人民法院确认。

第十九条 劳动合同应当以书面形式订立，并具备以下条款：

（一）劳动合同期限；

（二）工作内容；

（三）劳动保护和劳动条件；

（四）劳动报酬；

（五）劳动纪律；

（六）劳动合同终止的条件；

（七）违反劳动合同的责任。

劳动合同除前款规定的必备条款外，当事人可以协商约定其他内容。

第二十条 劳动合同的期限分为有固定期限、无固定期限和以完成一定的工作为期限。

劳动者在同一用人单位连续工作满十年以上，当事人双方同意续延劳动合同的，如果劳动者提出订立无固定期限的劳动合同，应当订立无固定期限的劳动合同。

第二十一条　劳动合同可以约定试用期。试用期最长不得超过六个月。

第二十二条　劳动合同当事人可以在劳动合同中约定保守用人单位商业秘密的有关事项。

第二十三条　劳动合同期满或者当事人约定的劳动合同终止条件出现，劳动合同即行终止。

第二十四条　经劳动合同当事人协商一致，劳动合同可以解除。

第二十五条　劳动者有下列情形之一的，用人单位可以解除劳动合同：

（一）在试用期间被证明不符合录用条件的；

（二）严重违反劳动纪律或者用人单位规章制度的；

（三）严重失职，营私舞弊，对用人单位利益造成重大损害的；

（四）被依法追究刑事责任的。

第二十六条　有下列情形之一的，用人单位可以解除劳动合同，但是应当提前三十日以书面形式通知劳动者本人：

（一）劳动者患病或者非因工负伤，医疗期满后，不能从事原工作也不能从事由用人单位另行安排的工作的；

（二）劳动者不能胜任工作，经过培训或者调整工作岗位，仍不能胜任工作的；

（三）劳动合同订立时所依据的客观情况发生重大变化，致使原劳动合同无法履行，经当事人协商不能就变更劳动合同达成协议的。

第二十七条　用人单位濒临破产进行法定整顿期间或者生产经

营状况发生严重困难，确需裁减人员的，应当提前三十日向工会或者全体职工说明情况，听取工会或者职工的意见，经向劳动行政部门报告后，可以裁减人员。

用人单位依据本条规定裁减人员，在六个月内录用人员的，应当优先录用被裁减的人员。

第二十八条　用人单位依据本法第二十四条、第二十六条、第二十七条的规定解除劳动合同的，应当依照国家有关规定给予经济补偿。

第二十九条　劳动者有下列情形之一的，用人单位不得依据本法第二十六条、第二十七条的规定解除劳动合同：

（一）患职业病或者因工负伤并被确认丧失或者部分丧失劳动能力的；

（二）患病或者负伤，在规定的医疗期内的；

（三）女职工在孕期、产期、哺乳期内的；

（四）法律、行政法规规定的其他情形。

第三十条　用人单位解除劳动合同，工会认为不适当的，有权提出意见。如果用人单位违反法律、法规或者劳动合同，工会有权要求重新处理；劳动者申请仲裁或者提起诉讼的，工会应当依法给予支持和帮助。

第三十一条　劳动者解除劳动合同，应当提前三十日以书面形式通知用人单位。

第三十二条　有下列情形之一的，劳动者可以随时通知用人单位解除劳动合同：

（一）在试用期内的；

（二）用人单位以暴力、威胁或者非法限制人身自由的手段强迫劳动的；

（三）用人单位未按照劳动合同约定支付劳动报酬或者提供劳动条件的。

第三十三条　企业职工一方与企业可以就劳动报酬、工作时间、休息休假、劳动安全卫生、保险福利等事项，签订集体合同。集体合同草案应当提交职工代表大会或者全体职工讨论通过。

集体合同由工会代表职工与企业签订；没有建立工会的企业，由职工推举的代表与企业签订。

第三十四条　集体合同签订后应当报送劳动行政部门；劳动行政部门自收到集体合同文本之日起十五日内未提出异议的，集体合同即行生效。

第三十五条　依法签订的集体合同对企业和企业全体职工具有约束力。职工个人与企业订立的劳动合同中劳动条件和劳动报酬等标准不得低于集体合同的规定。

第四章　工作时间和休息休假

第三十六条　国家实行劳动者每日工作时间不超过八小时、平均每周工作时间不超过四十四小时的工时制度。

第三十七条　对实行计件工作的劳动者，用人单位应当根据本法第三十六条规定的工时制度合理确定其劳动定额和计件报酬标准。

第三十八条　用人单位应当保证劳动者每周至少休息一日。

第三十九条　企业因生产特点不能实行本法第三十六条、第三十八条规定的，经劳动行政部门批准，可以实行其他工作和休息办法。

第四十条　用人单位在下列节日期间应当依法安排劳动者休假：

（一）元旦；

（二）春节；

（三）国际劳动节；

（四）国庆节；

（五）法律、法规规定的其他休假节日。

第四十一条　用人单位由于生产经营需要，经与工会和劳动者协商后可以延长工作时间，一般每日不得超过一小时；因特殊原因需要延长工作时间的，在保障劳动者身体健康的条件下延长工作时间每日不得超过三小时，但是每月不得超过三十六小时。

第四十二条　有下列情形之一的，延长工作时间不受本法第四十一条规定的限制：

（一）发生自然灾害、事故或者因其他原因，威胁劳动者生命健康和财产安全，需要紧急处理的；

（二）生产设备、交通运输线路、公共设施发生故障，影响生产和公众利益，必须及时抢修的；

（三）法律、行政法规规定的其他情形。

第四十三条　用人单位不得违反本法规定延长劳动者的工作时间。

第四十四条　有下列情形之一的，用人单位应当按照下列标准支付高于劳动者正常工作时间工资的工资报酬：

（一）安排劳动者延长工作时间的，支付不低于工资的百分之一百五十的工资报酬；

（二）休息日安排劳动者工作又不能安排补休的，支付不低于工资的百分之二百的工资报酬；

（三）法定休假日安排劳动者工作的，支付不低于工资的百分之三百的工资报酬。

第四十五条　国家实行带薪年休假制度。

劳动者连续工作一年以上的，享受带薪年休假。具体办法由国务院规定。

第五章　工　资

第四十六条　工资分配应当遵循按劳分配原则，实行同工同酬。

工资水平在经济发展的基础上逐步提高。国家对工资总量实行宏观调控。

第四十七条　用人单位根据本单位的生产经营特点和经济效益，依法自主确定本单位的工资分配方式和工资水平。

第四十八条　国家实行最低工资保障制度。最低工资的具体标准由省、自治区、直辖市人民政府规定，报国务院备案。

用人单位支付劳动者的工资不得低于当地最低工资标准。

第四十九条　确定和调整最低工资标准应当综合参考下列因素：

（一）劳动者本人及平均赡养人口的最低生活费用；

（二）社会平均工资水平；

（三）劳动生产率；

（四）就业状况；

（五）地区之间经济发展水平的差异。

第五十条　工资应当以货币形式按月支付给劳动者本人。不得克扣或者无故拖欠劳动者的工资。

第五十一条　劳动者在法定休假日和婚丧假期间以及依法参加社会活动期间，用人单位应当依法支付工资。

第六章　劳动安全卫生

第五十二条　用人单位必须建立、健全劳动安全卫生制度，严格执行国家劳动安全卫生规程和标准，对劳动者进行劳动安全卫生教育，防止劳动过程中的事故，减少职业危害。

第五十三条　劳动安全卫生设施必须符合国家规定的标准。

新建、改建、扩建工程的劳动安全卫生设施必须与主体工程同时设计、同时施工、同时投入生产和使用。

第五十四条　用人单位必须为劳动者提供符合国家规定的劳动

安全卫生条件和必要的劳动防护用品，对从事有职业危害作业的劳动者应当定期进行健康检查。

第五十五条　从事特种作业的劳动者必须经过专门培训并取得特种作业资格。

第五十六条　劳动者在劳动过程中必须严格遵守安全操作规程。

劳动者对用人单位管理人员违章指挥、强令冒险作业，有权拒绝执行；对危害生命安全和身体健康的行为，有权提出批评、检举和控告。

第五十七条　国家建立伤亡事故和职业病统计报告和处理制度。县级以上各级人民政府劳动行政部门、有关部门和用人单位应当依法对劳动者在劳动过程中发生的伤亡事故和劳动者的职业病状况，进行统计、报告和处理。

第七章　女职工和未成年工特殊保护

第五十八条　国家对女职工和未成年工实行特殊劳动保护。

未成年工是指年满十六周岁未满十八周岁的劳动者。

第五十九条　禁止安排女职工从事矿山井下、国家规定的第四级体力劳动强度的劳动和其他禁忌从事的劳动。

第六十条　不得安排女职工在经期从事高处、低温、冷水作业和国家规定的第三级体力劳动强度的劳动。

第六十一条　不得安排女职工在怀孕期间从事国家规定的第三级体力劳动强度的劳动和孕期禁忌从事的劳动。对怀孕七个月以上的女职工，不得安排其延长工作时间和夜班劳动。

第六十二条　女职工生育享受不少于九十天的产假。

第六十三条　不得安排女职工在哺乳未满一周岁的婴儿期间从事国家规定的第三级体力劳动强度的劳动和哺乳期禁忌从事的其他劳动，不得安排其延长工作时间和夜班劳动。

第六十四条　不得安排未成年工从事矿山井下、有毒有害、国家规定的第四级体力劳动强度的劳动和其他禁忌从事的劳动。

第六十五条　用人单位应当对未成年工定期进行健康检查。

第八章　职业培训

第六十六条　国家通过各种途径，采取各种措施，发展职业培训事业，开发劳动者的职业技能，提高劳动者素质，增强劳动者的就业能力和工作能力。

第六十七条　各级人民政府应当把发展职业培训纳入社会经济发展的规划，鼓励和支持有条件的企业、事业组织、社会团体和个人进行各种形式的职业培训。

第六十八条　用人单位应当建立职业培训制度，按照国家规定提取和使用职业培训经费，根据本单位实际，有计划地对劳动者进行职业培训。

从事技术工种的劳动者，上岗前必须经过培训。

第六十九条　国家确定职业分类，对规定的职业制定职业技能标准，实行职业资格证书制度，由经备案的考核鉴定机构负责对劳动者实施职业技能考核鉴定。

第九章　社会保险和福利

第七十条　国家发展社会保险事业，建立社会保险制度，设立社会保险基金，使劳动者在年老、患病、工伤、失业、生育等情况下获得帮助和补偿。

第七十一条　社会保险水平应当与社会经济发展水平和社会承受能力相适应。

第七十二条　社会保险基金按照保险类型确定资金来源，逐步实行社会统筹。用人单位和劳动者必须依法参加社会保险，缴纳社会保险费。

第七十三条 劳动者在下列情形下，依法享受社会保险待遇：

（一）退休；

（二）患病、负伤；

（三）因工伤残或者患职业病；

（四）失业；

（五）生育。

劳动者死亡后，其遗属依法享受遗属津贴。

劳动者享受社会保险待遇的条件和标准由法律、法规规定。

劳动者享受的社会保险金必须按时足额支付。

第七十四条 社会保险基金经办机构依照法律规定收支、管理和运营社会保险基金，并负有使社会保险基金保值增值的责任。

社会保险基金监督机构依照法律规定，对社会保险基金的收支、管理和运营实施监督。

社会保险基金经办机构和社会保险基金监督机构的设立和职能由法律规定。

任何组织和个人不得挪用社会保险基金。

第七十五条 国家鼓励用人单位根据本单位实际情况为劳动者建立补充保险。

国家提倡劳动者个人进行储蓄性保险。

第七十六条 国家发展社会福利事业，兴建公共福利设施，为劳动者休息、休养和疗养提供条件。

用人单位应当创造条件，改善集体福利，提高劳动者的福利待遇。

第十章　劳动争议

第七十七条 用人单位与劳动者发生劳动争议，当事人可以依法申请调解、仲裁、提起诉讼，也可以协商解决。

调解原则适用于仲裁和诉讼程序。

第七十八条　解决劳动争议，应当根据合法、公正、及时处理的原则，依法维护劳动争议当事人的合法权益。

第七十九条　劳动争议发生后，当事人可以向本单位劳动争议调解委员会申请调解；调解不成，当事人一方要求仲裁的，可以向劳动争议仲裁委员会申请仲裁。当事人一方也可以直接向劳动争议仲裁委员会申请仲裁。对仲裁裁决不服的，可以向人民法院提起诉讼。

第八十条　在用人单位内，可以设立劳动争议调解委员会。劳动争议调解委员会由职工代表、用人单位代表和工会代表组成。劳动争议调解委员会主任由工会代表担任。

劳动争议经调解达成协议的，当事人应当履行。

第八十一条　劳动争议仲裁委员会由劳动行政部门代表、同级工会代表、用人单位方面的代表组成。劳动争议仲裁委员会主任由劳动行政部门代表担任。

第八十二条　提出仲裁要求的一方应当自劳动争议发生之日起六十日内向劳动争议仲裁委员会提出书面申请。仲裁裁决一般应在收到仲裁申请的六十日内作出。对仲裁裁决无异议的，当事人必须履行。

第八十三条　劳动争议当事人对仲裁裁决不服的，可以自收到仲裁裁决书之日起十五日内向人民法院提起诉讼。一方当事人在法定期限内不起诉又不履行仲裁裁决的，另一方当事人可以申请人民法院强制执行。

第八十四条　因签订集体合同发生争议，当事人协商解决不成的，当地人民政府劳动行政部门可以组织有关各方协调处理。

因履行集体合同发生争议，当事人协商解决不成的，可以向劳动争议仲裁委员会申请仲裁；对仲裁裁决不服的，可以自收到仲裁裁决书之日起十五日内向人民法院提起诉讼。

第十一章 监督检查

第八十五条 县级以上各级人民政府劳动行政部门依法对用人单位遵守劳动法律、法规的情况进行监督检查，对违反劳动法律、法规的行为有权制止，并责令改正。

第八十六条 县级以上各级人民政府劳动行政部门监督检查人员执行公务，有权进入用人单位了解执行劳动法律、法规的情况，查阅必要的资料，并对劳动场所进行检查。

县级以上各级人民政府劳动行政部门监督检查人员执行公务，必须出示证件，秉公执法并遵守有关规定。

第八十七条 县级以上各级人民政府有关部门在各自职责范围内，对用人单位遵守劳动法律、法规的情况进行监督。

第八十八条 各级工会依法维护劳动者的合法权益，对用人单位遵守劳动法律、法规的情况进行监督。

任何组织和个人对于违反劳动法律、法规的行为有权检举和控告。

第十二章 法律责任

第八十九条 用人单位制定的劳动规章制度违反法律、法规规定的，由劳动行政部门给予警告，责令改正；对劳动者造成损害的，应当承担赔偿责任。

第九十条 用人单位违反本法规定，延长劳动者工作时间的，由劳动行政部门给予警告，责令改正，并可以处以罚款。

第九十一条 用人单位有下列侵害劳动者合法权益情形之一的，由劳动行政部门责令支付劳动者的工资报酬、经济补偿，并可以责令支付赔偿金：

（一）克扣或者无故拖欠劳动者工资的；

（二）拒不支付劳动者延长工作时间工资报酬的；

（三）低于当地最低工资标准支付劳动者工资的；

（四）解除劳动合同后，未依照本法规定给予劳动者经济补偿的。

第九十二条 用人单位的劳动安全设施和劳动卫生条件不符合国家规定或者未向劳动者提供必要的劳动防护用品和劳动保护设施的，由劳动行政部门或者有关部门责令改正，可以处以罚款；情节严重的，提请县级以上人民政府决定责令停产整顿；对事故隐患不采取措施，致使发生重大事故，造成劳动者生命和财产损失的，对责任人员依照刑法有关规定追究刑事责任。

第九十三条 用人单位强令劳动者违章冒险作业，发生重大伤亡事故，造成严重后果的，对责任人员依法追究刑事责任。

第九十四条 用人单位非法招用未满十六周岁的未成年人的，由劳动行政部门责令改正，处以罚款；情节严重的，由市场监督管理部门吊销营业执照。

第九十五条 用人单位违反本法对女职工和未成年工的保护规定，侵害其合法权益的，由劳动行政部门责令改正，处以罚款；对女职工或者未成年工造成损害的，应当承担赔偿责任。

第九十六条 用人单位有下列行为之一，由公安机关对责任人员处以十五日以下拘留、罚款或者警告；构成犯罪的，对责任人员依法追究刑事责任：

（一）以暴力、威胁或者非法限制人身自由的手段强迫劳动的；

（二）侮辱、体罚、殴打、非法搜查和拘禁劳动者的。

第九十七条 由于用人单位的原因订立的无效合同，对劳动者造成损害的，应当承担赔偿责任。

第九十八条 用人单位违反本法规定的条件解除劳动合同或者故意拖延不订立劳动合同的，由劳动行政部门责令改正；对劳动者造成损害的，应当承担赔偿责任。

第九十九条 用人单位招用尚未解除劳动合同的劳动者，对原用人单位造成经济损失的，该用人单位应当依法承担连带赔偿责任。

第一百条 用人单位无故不缴纳社会保险费的，由劳动行政部门责令其限期缴纳；逾期不缴的，可以加收滞纳金。

第一百零一条 用人单位无理阻挠劳动行政部门、有关部门及其工作人员行使监督检查权，打击报复举报人员的，由劳动行政部门或者有关部门处以罚款；构成犯罪的，对责任人员依法追究刑事责任。

第一百零二条 劳动者违反本法规定的条件解除劳动合同或者违反劳动合同中约定的保密事项，对用人单位造成经济损失的，应当依法承担赔偿责任。

第一百零三条 劳动行政部门或者有关部门的工作人员滥用职权、玩忽职守、徇私舞弊，构成犯罪的，依法追究刑事责任；不构成犯罪的，给予行政处分。

第一百零四条 国家工作人员和社会保险基金经办机构的工作人员挪用社会保险基金，构成犯罪的，依法追究刑事责任。

第一百零五条 违反本法规定侵害劳动者合法权益，其他法律、行政法规已规定处罚的，依照该法律、行政法规的规定处罚。

第十三章 附 则

第一百零六条 省、自治区、直辖市人民政府根据本法和本地区的实际情况，规定劳动合同制度的实施步骤，报国务院备案。

第一百零七条 本法自 1995 年 1 月 1 日起施行。

中华人民共和国劳动合同法

（2007 年 6 月 29 日第十届全国人民代表大会常务委员会第二十八次会议通过 根据 2012 年 12 月 28 日第十一届全国人民代表大会常务委员会第三十次会议《关于修改〈中华人民共和国劳动合同法〉的决定》修正）

目 录

第一章 总 则

第一条 为了完善劳动合同制度，明确劳动合同双方当事人的权利和义务，保护劳动者的合法权益，构建和发展和谐稳定的劳动关系，制定本法。

第二条 中华人民共和国境内的企业、个体经济组织、民办非企业单位等组织（以下称用人单位）与劳动者建立劳动关系，订立、履行、变更、解除或者终止劳动合同，适用本法。

国家机关、事业单位、社会团体和与其建立劳动关系的劳动者，订立、履行、变更、解除或者终止劳动合同，依照本法执行。

第三条 订立劳动合同，应当遵循合法、公平、平等自愿、协商一致、诚实信用的原则。

依法订立的劳动合同具有约束力，用人单位与劳动者应当履行劳动合同约定的义务。

第四条 用人单位应当依法建立和完善劳动规章制度，保障劳动者享有劳动权利、履行劳动义务。

用人单位在制定、修改或者决定有关劳动报酬、工作时间、休息休假、劳动安全卫生、保险福利、职工培训、劳动纪律以及劳动定额管理等直接涉及劳动者切身利益的规章制度或者重大事项时，应当经职工代表大会或者全体职工讨论，提出方案和意见，与工会或者职工代表平等协商确定。

在规章制度和重大事项决定实施过程中，工会或者职工认为不适当的，有权向用人单位提出，通过协商予以修改完善。

用人单位应当将直接涉及劳动者切身利益的规章制度和重大事项决定公示，或者告知劳动者。

第五条 县级以上人民政府劳动行政部门会同工会和企业方面代表，建立健全协调劳动关系三方机制，共同研究解决有关劳动关系的重大问题。

第六条 工会应当帮助、指导劳动者与用人单位依法订立和履行劳动合同，并与用人单位建立集体协商机制，维护劳动者的合法权益。

第二章 劳动合同的订立

第七条 用人单位自用工之日起即与劳动者建立劳动关系。用人单位应当建立职工名册备查。

第八条　用人单位招用劳动者时，应当如实告知劳动者工作内容、工作条件、工作地点、职业危害、安全生产状况、劳动报酬，以及劳动者要求了解的其他情况；用人单位有权了解劳动者与劳动合同直接相关的基本情况，劳动者应当如实说明。

第九条　用人单位招用劳动者，不得扣押劳动者的居民身份证和其他证件，不得要求劳动者提供担保或者以其他名义向劳动者收取财物。

第十条　建立劳动关系，应当订立书面劳动合同。

已建立劳动关系，未同时订立书面劳动合同的，应当自用工之日起一个月内订立书面劳动合同。

用人单位与劳动者在用工前订立劳动合同的，劳动关系自用工之日起建立。

第十一条　用人单位未在用工的同时订立书面劳动合同，与劳动者约定的劳动报酬不明确的，新招用的劳动者的劳动报酬按照集体合同规定的标准执行；没有集体合同或者集体合同未规定的，实行同工同酬。

第十二条　劳动合同分为固定期限劳动合同、无固定期限劳动合同和以完成一定工作任务为期限的劳动合同。

第十三条　固定期限劳动合同，是指用人单位与劳动者约定合同终止时间的劳动合同。

用人单位与劳动者协商一致，可以订立固定期限劳动合同。

第十四条　无固定期限劳动合同，是指用人单位与劳动者约定无确定终止时间的劳动合同。

用人单位与劳动者协商一致，可以订立无固定期限劳动合同。有下列情形之一，劳动者提出或者同意续订、订立劳动合同的，除劳动者提出订立固定期限劳动合同外，应当订立无固定期限劳动合同：

（一）劳动者在该用人单位连续工作满十年的；

（二）用人单位初次实行劳动合同制度或者国有企业改制重新订立劳动合同时，劳动者在该用人单位连续工作满十年且距法定退休年龄不足十年的；

（三）连续订立二次固定期限劳动合同，且劳动者没有本法第三十九条和第四十条第一项、第二项规定的情形，续订劳动合同的。

用人单位自用工之日起满一年不与劳动者订立书面劳动合同的，视为用人单位与劳动者已订立无固定期限劳动合同。

第十五条　以完成一定工作任务为期限的劳动合同，是指用人单位与劳动者约定以某项工作的完成为合同期限的劳动合同。

用人单位与劳动者协商一致，可以订立以完成一定工作任务为期限的劳动合同。

第十六条　劳动合同由用人单位与劳动者协商一致，并经用人单位与劳动者在劳动合同文本上签字或者盖章生效。

劳动合同文本由用人单位和劳动者各执一份。

第十七条　劳动合同应当具备以下条款：

（一）用人单位的名称、住所和法定代表人或者主要负责人；

（二）劳动者的姓名、住址和居民身份证或者其他有效身份证件号码；

（三）劳动合同期限；

（四）工作内容和工作地点；

（五）工作时间和休息休假；

（六）劳动报酬；

（七）社会保险；

（八）劳动保护、劳动条件和职业危害防护；

（九）法律、法规规定应当纳入劳动合同的其他事项。

劳动合同除前款规定的必备条款外，用人单位与劳动者可以约定试用期、培训、保守秘密、补充保险和福利待遇等其他事项。

第十八条 劳动合同对劳动报酬和劳动条件等标准约定不明确，引发争议的，用人单位与劳动者可以重新协商；协商不成的，适用集体合同规定；没有集体合同或者集体合同未规定劳动报酬的，实行同工同酬；没有集体合同或者集体合同未规定劳动条件等标准的，适用国家有关规定。

第十九条 劳动合同期限三个月以上不满一年的，试用期不得超过一个月；劳动合同期限一年以上不满三年的，试用期不得超过二个月；三年以上固定期限和无固定期限的劳动合同，试用期不得超过六个月。

同一用人单位与同一劳动者只能约定一次试用期。

以完成一定工作任务为期限的劳动合同或者劳动合同期限不满三个月的，不得约定试用期。

试用期包含在劳动合同期限内。劳动合同仅约定试用期的，试用期不成立，该期限为劳动合同期限。

第二十条 劳动者在试用期的工资不得低于本单位相同岗位最低档工资或者劳动合同约定工资的百分之八十，并不得低于用人单位所在地的最低工资标准。

第二十一条 在试用期中，除劳动者有本法第三十九条和第四十条第一项、第二项规定的情形外，用人单位不得解除劳动合同。用人单位在试用期解除劳动合同的，应当向劳动者说明理由。

第二十二条 用人单位为劳动者提供专项培训费用，对其进行专业技术培训的，可以与该劳动者订立协议，约定服务期。

劳动者违反服务期约定的，应当按照约定向用人单位支付违约金。违约金的数额不得超过用人单位提供的培训费用。用人单位要求劳动者支付的违约金不得超过服务期尚未履行部分所应分摊的培训费用。

用人单位与劳动者约定服务期的，不影响按照正常的工资调整机制提高劳动者在服务期期间的劳动报酬。

第二十三条　用人单位与劳动者可以在劳动合同中约定保守用人单位的商业秘密和与知识产权相关的保密事项。

对负有保密义务的劳动者，用人单位可以在劳动合同或者保密协议中与劳动者约定竞业限制条款，并约定在解除或者终止劳动合同后，在竞业限制期限内按月给予劳动者经济补偿。劳动者违反竞业限制约定的，应当按照约定向用人单位支付违约金。

第二十四条　竞业限制的人员限于用人单位的高级管理人员、高级技术人员和其他负有保密义务的人员。竞业限制的范围、地域、期限由用人单位与劳动者约定，竞业限制的约定不得违反法律、法规的规定。

在解除或者终止劳动合同后，前款规定的人员到与本单位生产或者经营同类产品、从事同类业务的有竞争关系的其他用人单位，或者自己开业生产或者经营同类产品、从事同类业务的竞业限制期限，不得超过二年。

第二十五条　除本法第二十二条和第二十三条规定的情形外，用人单位不得与劳动者约定由劳动者承担违约金。

第二十六条　下列劳动合同无效或者部分无效：

（一）以欺诈、胁迫的手段或者乘人之危，使对方在违背真实意思的情况下订立或者变更劳动合同的；

（二）用人单位免除自己的法定责任、排除劳动者权利的；

（三）违反法律、行政法规强制性规定的。

对劳动合同的无效或者部分无效有争议的，由劳动争议仲裁机构或者人民法院确认。

第二十七条　劳动合同部分无效，不影响其他部分效力的，其他部分仍然有效。

第二十八条　劳动合同被确认无效，劳动者已付出劳动的，用人单位应当向劳动者支付劳动报酬。劳动报酬的数额，参照本单位相同或者相近岗位劳动者的劳动报酬确定。

第三章　劳动合同的履行和变更

第二十九条　用人单位与劳动者应当按照劳动合同的约定，全面履行各自的义务。

第三十条　用人单位应当按照劳动合同约定和国家规定，向劳动者及时足额支付劳动报酬。

用人单位拖欠或者未足额支付劳动报酬的，劳动者可以依法向当地人民法院申请支付令，人民法院应当依法发出支付令。

第三十一条　用人单位应当严格执行劳动定额标准，不得强迫或者变相强迫劳动者加班。用人单位安排加班的，应当按照国家有关规定向劳动者支付加班费。

第三十二条　劳动者拒绝用人单位管理人员违章指挥、强令冒险作业的，不视为违反劳动合同。

劳动者对危害生命安全和身体健康的劳动条件，有权对用人单位提出批评、检举和控告。

第三十三条　用人单位变更名称、法定代表人、主要负责人或者投资人等事项，不影响劳动合同的履行。

第三十四条　用人单位发生合并或者分立等情况，原劳动合同继续有效，劳动合同由承继其权利和义务的用人单位继续履行。

第三十五条　用人单位与劳动者协商一致，可以变更劳动合同约定的内容。变更劳动合同，应当采用书面形式。

变更后的劳动合同文本由用人单位和劳动者各执一份。

第四章　劳动合同的解除和终止

第三十六条　用人单位与劳动者协商一致，可以解除劳动合同。

第三十七条　劳动者提前三十日以书面形式通知用人单位，可以解除劳动合同。劳动者在试用期内提前三日通知用人单位，可以解除劳动合同。

第三十八条　用人单位有下列情形之一的，劳动者可以解除劳动合同：

（一）未按照劳动合同约定提供劳动保护或者劳动条件的；

（二）未及时足额支付劳动报酬的；

（三）未依法为劳动者缴纳社会保险费的；

（四）用人单位的规章制度违反法律、法规的规定，损害劳动者权益的；

（五）因本法第二十六条第一款规定的情形致使劳动合同无效的；

（六）法律、行政法规规定劳动者可以解除劳动合同的其他情形。

用人单位以暴力、威胁或者非法限制人身自由的手段强迫劳动者劳动的，或者用人单位违章指挥、强令冒险作业危及劳动者人身安全的，劳动者可以立即解除劳动合同，不需事先告知用人单位。

第三十九条　劳动者有下列情形之一的，用人单位可以解除劳动合同：

（一）在试用期间被证明不符合录用条件的；

（二）严重违反用人单位的规章制度的；

（三）严重失职，营私舞弊，给用人单位造成重大损害的；

（四）劳动者同时与其他用人单位建立劳动关系，对完成本单位的工作任务造成严重影响，或者经用人单位提出，拒不改正的；

（五）因本法第二十六条第一款第一项规定的情形致使劳动合同无效的；

（六）被依法追究刑事责任的。

第四十条　有下列情形之一的，用人单位提前三十日以书面形式通知劳动者本人或者额外支付劳动者一个月工资后，可以解除劳动合同：

（一）劳动者患病或者非因工负伤，在规定的医疗期满后不能从事原工作，也不能从事由用人单位另行安排的工作的；

（二）劳动者不能胜任工作，经过培训或者调整工作岗位，仍不能胜任工作的；

（三）劳动合同订立时所依据的客观情况发生重大变化，致使劳动合同无法履行，经用人单位与劳动者协商，未能就变更劳动合同内容达成协议的。

第四十一条　有下列情形之一，需要裁减人员二十人以上或者裁减不足二十人但占企业职工总数百分之十以上的，用人单位提前三十日向工会或者全体职工说明情况，听取工会或者职工的意见后，裁减人员方案经向劳动行政部门报告，可以裁减人员：

（一）依照企业破产法规定进行重整的；

（二）生产经营发生严重困难的；

（三）企业转产、重大技术革新或者经营方式调整，经变更劳动合同后，仍需裁减人员的；

（四）其他因劳动合同订立时所依据的客观经济情况发生重大变化，致使劳动合同无法履行的。

裁减人员时，应当优先留用下列人员：

（一）与本单位订立较长期限的固定期限劳动合同的；

（二）与本单位订立无固定期限劳动合同的；

（三）家庭无其他就业人员，有需要扶养的老人或者未成年人的。

用人单位依照本条第一款规定裁减人员，在六个月内重新招用人员的，应当通知被裁减的人员，并在同等条件下优先招用被裁减的人员。

第四十二条　劳动者有下列情形之一的，用人单位不得依照本法第四十条、第四十一条的规定解除劳动合同：

（一）从事接触职业病危害作业的劳动者未进行离岗前职业健康检查，或者疑似职业病病人在诊断或者医学观察期间的；

（二）在本单位患职业病或者因工负伤并被确认丧失或者部分丧失劳动能力的；

（三）患病或者非因工负伤，在规定的医疗期内的；

（四）女职工在孕期、产期、哺乳期的；

（五）在本单位连续工作满十五年，且距法定退休年龄不足五年的；

（六）法律、行政法规规定的其他情形。

第四十三条　用人单位单方解除劳动合同，应当事先将理由通知工会。用人单位违反法律、行政法规规定或者劳动合同约定的，工会有权要求用人单位纠正。用人单位应当研究工会的意见，并将处理结果书面通知工会。

第四十四条　有下列情形之一的，劳动合同终止：

（一）劳动合同期满的；

（二）劳动者开始依法享受基本养老保险待遇的；

（三）劳动者死亡，或者被人民法院宣告死亡或者宣告失踪的；

（四）用人单位被依法宣告破产的；

（五）用人单位被吊销营业执照、责令关闭、撤销或者用人单位决定提前解散的；

（六）法律、行政法规规定的其他情形。

第四十五条　劳动合同期满，有本法第四十二条规定情形之一的，劳动合同应当续延至相应的情形消失时终止。但是，本法第四十二条第二项规定丧失或者部分丧失劳动能力劳动者的劳动合同的终止，按照国家有关工伤保险的规定执行。

第四十六条　有下列情形之一的，用人单位应当向劳动者支付经济补偿：

（一）劳动者依照本法第三十八条规定解除劳动合同的；

（二）用人单位依照本法第三十六条规定向劳动者提出解除劳动合同并与劳动者协商一致解除劳动合同的；

（三）用人单位依照本法第四十条规定解除劳动合同的；

（四）用人单位依照本法第四十一条第一款规定解除劳动合同的；

（五）除用人单位维持或者提高劳动合同约定条件续订劳动合同，劳动者不同意续订的情形外，依照本法第四十四条第一项规定终止固定期限劳动合同的；

（六）依照本法第四十四条第四项、第五项规定终止劳动合同的；

（七）法律、行政法规规定的其他情形。

第四十七条　经济补偿按劳动者在本单位工作的年限，每满一年支付一个月工资的标准向劳动者支付。六个月以上不满一年的，按一年计算；不满六个月的，向劳动者支付半个月工资的经济补偿。

劳动者月工资高于用人单位所在直辖市、设区的市级人民政府公布的本地区上年度职工月平均工资三倍的，向其支付经济补偿的标准按职工月平均工资三倍的数额支付，向其支付经济补偿的年限最高不超过十二年。

本条所称月工资是指劳动者在劳动合同解除或者终止前十二个月的平均工资。

第四十八条　用人单位违反本法规定解除或者终止劳动合同，劳动者要求继续履行劳动合同的，用人单位应当继续履行；劳动者不要求继续履行劳动合同或者劳动合同已经不能继续履行的，用人单位应当依照本法第八十七条规定支付赔偿金。

第四十九条　国家采取措施，建立健全劳动者社会保险关系跨地区转移接续制度。

第五十条 用人单位应当在解除或者终止劳动合同时出具解除或者终止劳动合同的证明，并在十五日内为劳动者办理档案和社会保险关系转移手续。

劳动者应当按照双方约定，办理工作交接。用人单位依照本法有关规定应当向劳动者支付经济补偿的，在办结工作交接时支付。

用人单位对已经解除或者终止的劳动合同的文本，至少保存二年备查。

第五章 特别规定
第一节 集体合同

第五十一条 企业职工一方与用人单位通过平等协商，可以就劳动报酬、工作时间、休息休假、劳动安全卫生、保险福利等事项订立集体合同。集体合同草案应当提交职工代表大会或者全体职工讨论通过。

集体合同由工会代表企业职工一方与用人单位订立；尚未建立工会的用人单位，由上级工会指导劳动者推举的代表与用人单位订立。

第五十二条 企业职工一方与用人单位可以订立劳动安全卫生、女职工权益保护、工资调整机制等专项集体合同。

第五十三条 在县级以下区域内，建筑业、采矿业、餐饮服务业等行业可以由工会与企业方面代表订立行业性集体合同，或者订立区域性集体合同。

第五十四条 集体合同订立后，应当报送劳动行政部门；劳动行政部门自收到集体合同文本之日起十五日内未提出异议的，集体合同即行生效。

依法订立的集体合同对用人单位和劳动者具有约束力。行业性、区域性集体合同对当地本行业、本区域的用人单位和劳动者具有约束力。

第五十五条　集体合同中劳动报酬和劳动条件等标准不得低于当地人民政府规定的最低标准；用人单位与劳动者订立的劳动合同中劳动报酬和劳动条件等标准不得低于集体合同规定的标准。

第五十六条　用人单位违反集体合同，侵犯职工劳动权益的，工会可以依法要求用人单位承担责任；因履行集体合同发生争议，经协商解决不成的，工会可以依法申请仲裁、提起诉讼。

第二节　劳务派遣

第五十七条　经营劳务派遣业务应当具备下列条件：

（一）注册资本不得少于人民币二百万元；

（二）有与开展业务相适应的固定的经营场所和设施；

（三）有符合法律、行政法规规定的劳务派遣管理制度；

（四）法律、行政法规规定的其他条件。

经营劳务派遣业务，应当向劳动行政部门依法申请行政许可；经许可的，依法办理相应的公司登记。未经许可，任何单位和个人不得经营劳务派遣业务。

第五十八条　劳务派遣单位是本法所称用人单位，应当履行用人单位对劳动者的义务。劳务派遣单位与被派遣劳动者订立的劳动合同，除应当载明本法第十七条规定的事项外，还应当载明被派遣劳动者的用工单位以及派遣期限、工作岗位等情况。

劳务派遣单位应当与被派遣劳动者订立二年以上的固定期限劳动合同，按月支付劳动报酬；被派遣劳动者在无工作期间，劳务派遣单位应当按照所在地人民政府规定的最低工资标准，向其按月支付报酬。

第五十九条　劳务派遣单位派遣劳动者应当与接受以劳务派遣形式用工的单位（以下称用工单位）订立劳务派遣协议。劳务派遣协议应当约定派遣岗位和人员数量、派遣期限、劳动报酬和社会保险费的数额与支付方式以及违反协议的责任。

用工单位应当根据工作岗位的实际需要与劳务派遣单位确定派

遣期限，不得将连续用工期限分割订立数个短期劳务派遣协议。

第六十条　劳务派遣单位应当将劳务派遣协议的内容告知被派遣劳动者。

劳务派遣单位不得克扣用工单位按照劳务派遣协议支付给被派遣劳动者的劳动报酬。

劳务派遣单位和用工单位不得向被派遣劳动者收取费用。

第六十一条　劳务派遣单位跨地区派遣劳动者的，被派遣劳动者享有的劳动报酬和劳动条件，按照用工单位所在地的标准执行。

第六十二条　用工单位应当履行下列义务：

（一）执行国家劳动标准，提供相应的劳动条件和劳动保护；

（二）告知被派遣劳动者的工作要求和劳动报酬；

（三）支付加班费、绩效奖金，提供与工作岗位相关的福利待遇；

（四）对在岗被派遣劳动者进行工作岗位所必需的培训；

（五）连续用工的，实行正常的工资调整机制。

用工单位不得将被派遣劳动者再派遣到其他用人单位。

第六十三条　被派遣劳动者享有与用工单位的劳动者同工同酬的权利。用工单位应当按照同工同酬原则，对被派遣劳动者与本单位同类岗位的劳动者实行相同的劳动报酬分配办法。用工单位无同类岗位劳动者的，参照用工单位所在地相同或者相近岗位劳动者的劳动报酬确定。

劳务派遣单位与被派遣劳动者订立的劳动合同和与用工单位订立的劳务派遣协议，载明或者约定的向被派遣劳动者支付的劳动报酬应当符合前款规定。

第六十四条　被派遣劳动者有权在劳务派遣单位或者用工单位依法参加或者组织工会，维护自身的合法权益。

第六十五条　被派遣劳动者可以依照本法第三十六条、第三十八条的规定与劳务派遣单位解除劳动合同。

被派遣劳动者有本法第三十九条和第四十条第一项、第二项规定情形的，用工单位可以将劳动者退回劳务派遣单位，劳务派遣单位依照本法有关规定，可以与劳动者解除劳动合同。

第六十六条 劳动合同用工是我国的企业基本用工形式。劳务派遣用工是补充形式，只能在临时性、辅助性或者替代性的工作岗位上实施。

前款规定的临时性工作岗位是指存续时间不超过六个月的岗位；辅助性工作岗位是指为主营业务岗位提供服务的非主营业务岗位；替代性工作岗位是指用工单位的劳动者因脱产学习、休假等原因无法工作的一定期间内，可以由其他劳动者替代工作的岗位。

用工单位应当严格控制劳务派遣用工数量，不得超过其用工总量的一定比例，具体比例由国务院劳动行政部门规定。

第六十七条 用人单位不得设立劳务派遣单位向本单位或者所属单位派遣劳动者。

第三节 非全日制用工

第六十八条 非全日制用工，是指以小时计酬为主，劳动者在同一用人单位一般平均每日工作时间不超过四小时，每周工作时间累计不超过二十四小时的用工形式。

第六十九条 非全日制用工双方当事人可以订立口头协议。

从事非全日制用工的劳动者可以与一个或者一个以上用人单位订立劳动合同；但是，后订立的劳动合同不得影响先订立的劳动合同的履行。

第七十条 非全日制用工双方当事人不得约定试用期。

第七十一条 非全日制用工双方当事人任何一方都可以随时通知对方终止用工。终止用工，用人单位不向劳动者支付经济补偿。

第七十二条 非全日制用工小时计酬标准不得低于用人单位所在地人民政府规定的最低小时工资标准。

非全日制用工劳动报酬结算支付周期最长不得超过十五日。

第六章　监督检查

第七十三条　国务院劳动行政部门负责全国劳动合同制度实施的监督管理。

县级以上地方人民政府劳动行政部门负责本行政区域内劳动合同制度实施的监督管理。

县级以上各级人民政府劳动行政部门在劳动合同制度实施的监督管理工作中，应当听取工会、企业方面代表以及有关行业主管部门的意见。

第七十四条　县级以上地方人民政府劳动行政部门依法对下列实施劳动合同制度的情况进行监督检查：

（一）用人单位制定直接涉及劳动者切身利益的规章制度及其执行的情况；

（二）用人单位与劳动者订立和解除劳动合同的情况；

（三）劳务派遣单位和用工单位遵守劳务派遣有关规定的情况；

（四）用人单位遵守国家关于劳动者工作时间和休息休假规定的情况；

（五）用人单位支付劳动合同约定的劳动报酬和执行最低工资标准的情况；

（六）用人单位参加各项社会保险和缴纳社会保险费的情况；

（七）法律、法规规定的其他劳动监察事项。

第七十五条　县级以上地方人民政府劳动行政部门实施监督检查时，有权查阅与劳动合同、集体合同有关的材料，有权对劳动场所进行实地检查，用人单位和劳动者都应当如实提供有关情况和材料。

劳动行政部门的工作人员进行监督检查，应当出示证件，依法行使职权，文明执法。

第七十六条 县级以上人民政府建设、卫生、安全生产监督管理等有关主管部门在各自职责范围内，对用人单位执行劳动合同制度的情况进行监督管理。

第七十七条 劳动者合法权益受到侵害的，有权要求有关部门依法处理，或者依法申请仲裁、提起诉讼。

第七十八条 工会依法维护劳动者的合法权益，对用人单位履行劳动合同、集体合同的情况进行监督。用人单位违反劳动法律、法规和劳动合同、集体合同的，工会有权提出意见或者要求纠正；劳动者申请仲裁、提起诉讼的，工会依法给予支持和帮助。

第七十九条 任何组织或者个人对违反本法的行为都有权举报，县级以上人民政府劳动行政部门应当及时核实、处理，并对举报有功人员给予奖励。

第七章　法律责任

第八十条 用人单位直接涉及劳动者切身利益的规章制度违反法律、法规规定的，由劳动行政部门责令改正，给予警告；给劳动者造成损害的，应当承担赔偿责任。

第八十一条 用人单位提供的劳动合同文本未载明本法规定的劳动合同必备条款或者用人单位未将劳动合同文本交付劳动者的，由劳动行政部门责令改正；给劳动者造成损害的，应当承担赔偿责任。

第八十二条 用人单位自用工之日起超过一个月不满一年未与劳动者订立书面劳动合同的，应当向劳动者每月支付二倍的工资。

用人单位违反本法规定不与劳动者订立无固定期限劳动合同的，自应当订立无固定期限劳动合同之日起向劳动者每月支付二倍的工资。

第八十三条 用人单位违反本法规定与劳动者约定试用期的，

由劳动行政部门责令改正；违法约定的试用期已经履行的，由用人单位以劳动者试用期满月工资为标准，按已经履行的超过法定试用期的期间向劳动者支付赔偿金。

第八十四条　用人单位违反本法规定，扣押劳动者居民身份证等证件的，由劳动行政部门责令限期退还劳动者本人，并依照有关法律规定给予处罚。

用人单位违反本法规定，以担保或者其他名义向劳动者收取财物的，由劳动行政部门责令限期退还劳动者本人，并以每人五百元以上二千元以下的标准处以罚款；给劳动者造成损害的，应当承担赔偿责任。

劳动者依法解除或者终止劳动合同，用人单位扣押劳动者档案或者其他物品的，依照前款规定处罚。

第八十五条　用人单位有下列情形之一的，由劳动行政部门责令限期支付劳动报酬、加班费或者经济补偿；劳动报酬低于当地最低工资标准的，应当支付其差额部分；逾期不支付的，责令用人单位按应付金额百分之五十以上百分之一百以下的标准向劳动者加付赔偿金：

（一）未按照劳动合同的约定或者国家规定及时足额支付劳动者劳动报酬的；

（二）低于当地最低工资标准支付劳动者工资的；

（三）安排加班不支付加班费的；

（四）解除或者终止劳动合同，未依照本法规定向劳动者支付经济补偿的。

第八十六条　劳动合同依照本法第二十六条规定被确认无效，给对方造成损害的，有过错的一方应当承担赔偿责任。

第八十七条　用人单位违反本法规定解除或者终止劳动合同的，应当依照本法第四十七条规定的经济补偿标准的二倍向劳动者支付赔偿金。

第八十八条　用人单位有下列情形之一的，依法给予行政处罚；构成犯罪的，依法追究刑事责任；给劳动者造成损害的，应当承担赔偿责任：

（一）以暴力、威胁或者非法限制人身自由的手段强迫劳动的；

（二）违章指挥或者强令冒险作业危及劳动者人身安全的；

（三）侮辱、体罚、殴打、非法搜查或者拘禁劳动者的；

（四）劳动条件恶劣、环境污染严重，给劳动者身心健康造成严重损害的。

第八十九条　用人单位违反本法规定未向劳动者出具解除或者终止劳动合同的书面证明，由劳动行政部门责令改正；给劳动者造成损害的，应当承担赔偿责任。

第九十条　劳动者违反本法规定解除劳动合同，或者违反劳动合同中约定的保密义务或者竞业限制，给用人单位造成损失的，应当承担赔偿责任。

第九十一条　用人单位招用与其他用人单位尚未解除或者终止劳动合同的劳动者，给其他用人单位造成损失的，应当承担连带赔偿责任。

第九十二条　违反本法规定，未经许可，擅自经营劳务派遣业务的，由劳动行政部门责令停止违法行为，没收违法所得，并处违法所得一倍以上五倍以下的罚款；没有违法所得的，可以处五万元以下的罚款。

劳务派遣单位、用工单位违反本法有关劳务派遣规定的，由劳动行政部门责令限期改正；逾期不改正的，以每人五千元以上一万元以下的标准处以罚款，对劳务派遣单位，吊销其劳务派遣业务经营许可证。用工单位给被派遣劳动者造成损害的，劳务派遣单位与用工单位承担连带赔偿责任。

第九十三条　对不具备合法经营资格的用人单位的违法犯罪行

为，依法追究法律责任；劳动者已经付出劳动的，该单位或者其出资人应当依照本法有关规定向劳动者支付劳动报酬、经济补偿、赔偿金；给劳动者造成损害的，应当承担赔偿责任。

第九十四条 个人承包经营违反本法规定招用劳动者，给劳动者造成损害的，发包的组织与个人承包经营者承担连带赔偿责任。

第九十五条 劳动行政部门和其他有关主管部门及其工作人员玩忽职守、不履行法定职责，或者违法行使职权，给劳动者或者用人单位造成损害的，应当承担赔偿责任；对直接负责的主管人员和其他直接责任人员，依法给予行政处分；构成犯罪的，依法追究刑事责任。

第八章 附 则

第九十六条 事业单位与实行聘用制的工作人员订立、履行、变更、解除或者终止劳动合同，法律、行政法规或者国务院另有规定的，依照其规定；未作规定的，依照本法有关规定执行。

第九十七条 本法施行前已依法订立且在本法施行之日存续的劳动合同，继续履行；本法第十四条第二款第三项规定连续订立固定期限劳动合同的次数，自本法施行后续订固定期限劳动合同时开始计算。

本法施行前已建立劳动关系，尚未订立书面劳动合同的，应当自本法施行之日起一个月内订立。

本法施行之日存续的劳动合同在本法施行后解除或者终止，依照本法第四十六条规定应当支付经济补偿的，经济补偿年限自本法施行之日起计算；本法施行前按照当时有关规定，用人单位应当向劳动者支付经济补偿的，按照当时有关规定执行。

第九十八条 本法自 2008 年 1 月 1 日起施行。

年度人员编制及招聘计划表范本

编号：

级别		部门	人数规划			人员学历要求			
			2021 年	2022 年	2023 年	博士	硕士	本科	大专
高层人员	部门主管	部							
		部							
		……							
中层人员	部门副主管	部							
		部							
		……							
基层人员	专员	部							
		部							
		……							
合计									
总计人数									

填表人：

审核人：

填表说明：本表由人力资源部填写，由秘书长审核。

应聘登记表范本

编号：

应聘职位：				填表日期：　　年　　月　　日			
姓名		性别		民族		籍贯	
婚姻状况		年龄		身份证号			
毕业院校				所学专业			
联系电话				个人邮箱			
期望工资				预计到岗日期			
所受教育							
起止时间		学校名称		专业		学历	
工作经验							
起止时间	单位名称		职务	证明人		联系电话	
培训经历							
培训时间		培训机构		培训内容		所获证书	
所受过的奖励及处分							
兴趣和爱好							
对应聘岗位的认知及评价							
应聘人：							

面试评价表范本

编号：

姓名		应聘的岗位		部门	
序号	测评要素	提问内容	评分标准		得分
1	工作经历与责任心（20分）	1. 请你描述一下你受教育和工作经历；你自己的哪些能力适合做这个岗位 2. 为什么要辞去那份工作 3. 你对委托的任务完成不了时如何处理	专业技能：与需求一致，5~4分；相近或相关，3~1分；不相关，0分 工作经验：与需求高吻合，7~5分；近期与需求相关，4~2分；相关少或不相关，0分 离职原因：个人发展或单位搬迁、解散等客观原因5~4分；因单位非客观原因，3~1分；被辞退，0分 责任心：强且以单位为中心，3~2分；弱且缺乏结果导向，1分或0分		
2	求职动机与职业规划（10分）	你选择入职的单位最重视什么因素？或如有两个单位同时录用了你，你将如何选择 单位工作压力大、较艰苦，你将如何对待 你有职业规划吗？你能加班吗？周末呢 努力做到能向上晋升，能接受加班吗	无个人职业规划，求职动机不纯，如为打发时间、混日子，0分 职业规划不清晰或方向与岗位需求不一致，求职动机主要是为过渡，1~4分 职业规划不清晰，但方向没有大问题；求职动机与单位需求基本一致，5~8分 职业规划较清晰、求职动机与单位文化相近，9~10分		

续表

姓名		应聘的岗位		部门	
序号	测评要素	提问内容	评分标准		得分
3	管理倾向与做事原则（10分）	在做某项工作时，你和你的直接领导有了不同的想法，你自己认为你的方法更好时，你怎么办 如你作出了一个决定，但事情的发展事与愿违，你怎么补救 你喜欢在什么样的领导手下工作	以自我为中心，不愿沟通，执行力差，0分 不能完全按照上级要求执行，沟通方法不当，1~4分 能按照上级要求执行，有意识主动沟通，工作较主动，5~8分 执行力强，沟通方式较好，能主动沟通，处理较有分寸，9~10分		
4	自我评价（5分）	请综合评价一下你自己最大的优点和缺点是什么	无缺点则说明不能正确评价或戒备心强，0~1分 能较客观评价，对优缺点评价较准确，2~3分 能客观评价，有改进意识和行动，4~5分		
5	礼仪风度（5分）	仪容、衣着 行为、举止 语言表达 判断力、情绪稳定性	奇装异服、无礼貌、表达差、易激动，0分 衣着得体、言行无异常，无明显情绪波动，1~3分 衣着得体、体现职业化、有礼貌、有教养，受外界不良刺激无情绪波动，4~5分		
6	专业知识技能（50分）	提问、笔试或实操	如提问方式，最高分不超过40分		

姓名		应聘的岗位		部门	
序号	测评要素	提问内容	评分标准		得分
7		薪酬沟通： 你原来单位的薪酬、福利待遇如何 如来我单位工作，您对薪酬和福利待遇有何期望			
8		面试人对本单位情况及被面试人将从事的工作内容、工作地点、薪酬福利等作介绍 工作内容： 工作地点： 薪酬福利：			

面试人意见：

面试评价得分：

□同意试用

面试人：　　　　　　　经办时间：

录用通知书范本

编号：

_____ 先生/小姐：

　　您应聘本单位_____职位，经面试合格，按单位相关规定给予录用。恭喜您成为本单位的一员。请于_____年___月___日___时到单位报到。报到时请携带以下证件和物品。

　　1. 身份证及其复印件。

　　2. 学历证明原件、职称证原件、户口本首页和本人页及其复印件。

　　3. 离职证明原件。

　　4. 个人银行卡一张。

　　5. 一寸免冠照片2张、电子版两寸照片一份。

　　6. 近期体检报告一份。

　　7. 本录用通知书。

　　8. 其他。

本单位新员工的试用期为____个月，试用合格后转为正式员工。薪酬福利等事宜到单位后由人力资源部薪酬专员与您面谈。如果有疑问，请按下面的联系方式联系我们。

　　预祝您工作愉快！

　　　　此致

　　敬礼

　　　　　　　　　　　　　　　　　　　　　人力资源部
　　　　　　　　　　　　　　　　　　　　年　　月　　日

单位地点		联系电话	
乘车路线			

岗位说明书范本

职务名称：	职务代码：
所属部门：	部门负责人：

工作关系图

工作职责：

管理职责：

序号	内容	KPI
职责一		
职责二		
职责三		
职责四		
职责五		
职责六		
职责七		

续表

任职要求			
任职资格	教育	□硕士及以上　□本科　□大专 □职高、中专　□高中　□初中	
	培训	□需经过相关业务培训　□无	
	工作经验	□至少＿＿＿年	
		□无限制	
	知识技能水平	外语水平	□英语＿＿＿级　□无限制 □其他：
		计算机水平	□计算机基本操作技能 □业务软件操作技能 □其他：**熟练掌握办公软件**
		专业背景	□**行政管理、工商管理**等相关专业　□无
		资质证书	□＿＿＿证书　　　□无
		业务知识	□专业　□经培训上岗
		使用设备或工具熟练程度	□熟练　　　　　□无
	能力素质要求	能力项目	能力标准
		决策能力	□独立　□良好　□无限制
		领导能力	□优秀　□良好　□无限制
		协调能力	□优秀　□良好　□无限制
		沟通能力	□优秀　□良好　□无限制
		创新能力	□优秀　□良好　□无限制
工作条件	1. 工作地点： 2. 工作设备：		

续表

责任范围	1. 汇报责任： 2. 督导责任： 3. 培养责任： 4. 保密责任： 5. 奖惩责任： 6. 预算责任： 7. 目标责任： 8. 参会责任：
权利范围	1. 审批权： 2. 提名权： 3. 考核权：
考核项目	1. 目标计划完成情况： 2. 关键指标完成情况： 3. 短板提升完成情况： 4. 管理型考核项目完成情况：
职位关系	1. 可晋升的职务： 2. 可相互轮换的职务： 3. 可降级的职务：

表单设计：		表单责任人：	
表单批注：		流程设计：	
流程责任人：		流程批准：	
启用日期：			
第一次更改日期：			
第二次更改日期：			

入职登记表范本

姓名		性别		职称		
民族		婚姻情况		健康状况		
身份证号				籍贯		
学历		专业		户口性质		
毕业院校				毕业时间		
手机				紧急联系人		
入职岗位		入职时间		微信号 电子邮箱		
培训经历						
工作经历	时间	工作单位及职务			证明人及电话	
技能	计算机情况					
	英语水平					

续表

特长及 自我评价					
职业 发展规划					
获奖经历					
处罚经历					
家庭及 社会关系	与本人关系		姓名		工作单位及职位	
	与本人关系		姓名		工作单位及职位	
	与本人关系		姓名		工作单位及职位	
	与本人关系		姓名		工作单位及职位	

向单位特别说明的事项：

签字：

日期：

入职承诺书范本

_____ 员工。自愿加入 _____ 单位!

现就入职的相关事宜进行承诺:

1. 本人提供给单位的相关证明真实有效。

2. 本人已与原单位解除劳动合同。

3. 本人与原单位没有合同纠纷。

4. 本人与原单位没有经济纠纷。

5. 本人在上单位缴纳社会保险的基数是_____元,上单位减员的日期为_____年____月____日。

6. 本人的人事档案存放情况,需要本单位给予解决的事项有:

入职誓词:本人经考察,自愿加入本单位,已阅知《员工手册》《公司规章制度》,并承诺严格遵守单位的相关制度,认可单位的文化,积极努力拼搏,贡献自己的全部个人才能,并与全体员工齐心协力,为单位高质量发展而努力奋斗。

以上如有不符,单位可随时解除劳动合同。

承诺人:

日期:_____年_____月_____日

特殊约定事项书范本

_____ 员工。感谢您入职_____ 单位!

您就职的岗位属于单位关键、重要、特殊岗位,现就该岗位的特殊事项双方协调作出如下约定:

1. 所有关于单位的财务状况、策略、资料、数据不得私自向单位以外人员泄露。

2. 个人资料(包括工资、奖金等)均视为机密,员工不得擅自索取、探听和传播。

3. 单位任何形式的文件、文稿、客户资料、记录、办公设施设备均为单位财产,员工应妥善保管。任何员工在职或离职期间均不能占为己有,也不能带离单位。因如工作需要须带离单位者,必须征得秘书长同意。

4. 未经秘书长同意,不得擅自销毁、废弃、外借单位的资料。

5. 员工在单位工作期间的所有成果属于单位所有,包括工作成果、发明创造、研究成果。

补充约定事项:

承诺人:

日期:_____年_____月_____日

领用物品清单范本

姓名		所属部门		职务		入职时间	
物品项目	物品明细		数量	金额	领用时间	归还时间	备注

注：1. 此表为员工入职领用固定资产及办公用品（非易损类）记录表，统一保留在人力资源部。

2. 各部门负责人保留复印件。

3. 中途有部件老化、非人为原因无法使用者，到人力资源部以旧换新。

4. 员工离职时，须交还领取的固定资产和办公用品，如有损坏或遗失，折价赔偿。

领取人签字：

填报人：_____　　　　　　　_____年_____月_____日

转正申请表范本

编号：

姓名		性别		入职时间	年　月　日
学历		专业		毕业学校	
所属部门		职位		毕业时间	
个人情况 （50分）	请用事实或数据描述你的岗位职责、工作内容、主要完成情况、工作成效、能力满足状况、遵守规章制度情况（可附件） 答：				
工作改进 （20分）	请指出本岗位、本部门需要改进的地方（可附件） 答：				
单位认同度 （20分）	请说出你认同单位的哪些地方？你看到了单位的未来有哪些发展前景？你在单位的发展中起到什么重要作用 答：				
工作规划 （10分）	你今后的职业发展规划是什么？如果你在本单位发展，五年后你想选择到什么部门的什么岗位 答：				
员工自我评分：　　　　分 （员工评分：满分100分，占考评分20%）					

部门综合评价表范本

编号：

1. 对本职工作是否经常持积极的态度	A. 工作积极，并对工作的领域扩大有积极性	
	B. 工作还可以，但缺乏积极扩大工作领域的劲	
	C. 对工作挑拣，逃避扩大工作领域	
2. 服从指令的态度	A. 明确与上级的关系，服从态度及工作悟性较好	
	B. 分配的工作能干好，但对全局性工作处理不够	
	C. 服从指令的态度欠缺	
3. 整体协作精神	A. 与大家友好相处，协作精神较好	
	B. 能工作化地正常协作	
	C. 协作意识较差	
4. 专业知识和业务技巧	A. 较好	
	B. 一般	
	C. 较差	
5. 能否很好地理解工作内容，制订恰当的工作计划	A. 充分理解工作的目的和内容，能无误地进行计划安排	
	B. 日常性工作基本能无误地分段处理	
	C. 对工作任务理解判断不够，有错误、失误发生	
6. 是否积极地致力于工作方法的改进和创新	A. 工作处理效果好，不断努力想办法改进	
	B. 注意到想办法改善工作，但具体效果不明显	
	C. 工作处理有迟缓现象	
7. 工作进度迅速性	A. 工作效率高，常提前完成	
	B. 速度一般化	
	C. 工作处理慢	
8. 工作准确性	A. 工作处理认真、仔细、准确	
	B. 工作处理需要认真努力，但还可以让人放心	
	C. 工作失误多，不懂的地方较多	

9. 工作的完结程度	A. 工作有始有终，对下期工作无影响	
	B. 工作处理有条理，能区分其界限	
	C. 工作处理有半途而废现象，需要别人帮忙收拾	
10. 目标完成程度	A. 完成原定计划，取得预期的结果	
	B. 完成原定计划，其结果基本能认可	
	C. 难以达到完成目标的程度	
评分： （满分100分，占30%） 对应分值：A为10分，B为8分，C为5分		
部门负责人意见	请对员工的工作结果、从业能力、遵章守纪、身体状况进行评价： 员工的整体情况如下： 员工的优点： 员工的缺点： 员工未来的发展方向：	
部门鉴定结果	转正意见：（提前转正、按期转正、延期转正、辞退、薪资范围） 签名： 日期：	

员工转正定级通知书范本

编号：

姓名		性别		入职时间	年　月　日
所属部门		职位		转正时间	年　月　日
试用期工资		转正工资		定级级别	

（此页转交财务部）

（盖公章处）

员工转正定级通知书

姓名		性别		入职时间	年　月　日
所属部门		职位		转正时间	年　月　日
试用期工资		转正工资		定级级别	
综合评价					
单位寄语：					

（此页送达转正人员）

148

变动申请表范本

编号：

姓名		学历		职称	
入职时间		申请时间		特长	
申请理由					

申请类别	升职□	降职□	调职□	调级□	停职□
	辞职□	辞退□	自动离职□	调薪□	其他□

变动内容	申请前	申请后	特殊注明
部门			
级别			
职位			
薪资			
其他			

部门推荐意见：	人力资源部意见：
副秘书长意见：	秘书长意见：

变动审批表范本

编号：

姓名		学历		职称	
入职时间		申请时间		特长	
变动理由					

申请类别	升职□	降职□	调职□	调级□	停职□
	辞职□	辞退□	自动离职□	调薪□	其他□

变动内容	调整前	调整后	特殊注明
部门			
级别			
职位			
薪资			
其他			

变动申请日期：	变动生效日期：

以下适用于人员调动情况审批

审批	部门意见	人力资源部意见	秘书长审批意见
调出			
调入			

以下适用于非调动情况及其他情况审批

审批	部门意见	人力资源部意见	秘书长审批意见

调整通知书范本

姓名		所属部门		入职时间	年　月　日
调整前岗位		调整后岗位		调整时间	年　月　日
调整前工资		调整后工资		调整级别	

（此页转交财务部）

（盖公章处）

调整通知书

姓名		所属部门		入职时间	年　　月　　日
调整前岗位		调整后岗位		调整时间	年　　月　　日
调整前工资		调整后工资		调整级别	
调整结论					
未来发展要求：					

（此页送达员工）

请假申请单范本

编号：

请假申请单			
部门		岗位	
请假类别：□事假　　□病假　　□婚假　　□丧假　　□公假 　　　　　　□工伤　　□产假　　□护理假　　□其他			
请假事由：			
请假时间：　年　月　日至　月　日　　　　　　共计　天　时			
请假人：	部门负责人：	人力资源部：	秘书长：
日期：	日期：	日期：	日期：

注：
1. 病假须出具医院证明。
2. 权限：部门负责人 1 天，人力资源负责人 1~3 天；秘书长 4 天以上。

加班申请单范本

编号：

加班申请单						
姓名		所属部门		申请时间		
加班类别	□工作日加班		□周六日加班		□法定假日加班	
加班事由						
加班地点						
加班时间	自　　年　　月　　日　　时至　　月　　日　　时					
申请人签字						
部门负责人审批					年　月　日	
人力资源主管审批					年　月　日	

注：
1. 此表在加班前填写。
2. 加班批准后，将该表交由人力资源部存档。

153

员工辞职申请表范本

编号：

申请人			身份证号		
所在部门			入职时间		年　　月　　日
申请日期	年　　月　　日		计划离职日期		年　　月　　日
离职原因	签字：　　　　　　　　　　　　日期：　　年　　月　　日				
对单位建议					
离职交接	交接人：＿＿＿＿＿＿＿＿＿　　承接人：＿＿＿＿＿＿＿＿＿ 离职资料拷贝完成情况：A. 已完成　B. 未完成　　C. 待完成 电脑是否有密码：A. 是，密码＿＿＿＿＿＿＿＿＿　　B. 否				
部门意见：			人力资源部意见：		
副秘书长意见：			秘书长意见：		

离职交接清单范本

编号：

姓名：	部门：	岗位：	交接时间：
近三个月完成的主要工作项目概述		完成情况	
未完成工作项目概述		需要特别注意的事项	
办公设施、领用物品、文件交接项目			份数
1.			
2.			
3.			
4.			
5.			
6.			
交接人签字：		接收人签字：	监督人签字：

解除（终止）劳动合同通知书范本

_____ 员工：

　　因_____，本单位依据_____

_____规定与你解除劳动合同，请你在___天内完成工作交接。本单位依法为你办理档案转接和社会保险关系转接手续以及为你出具解除劳动关系证明。按《中华人民共和国劳动合同法》的规定，单位：

A. 将不对你进行经济补偿

B. 将对你进行如下经济补偿

_____通知时间：_____年___月___日

　　请您在收到此通知后，在回执上签名，将此通知返回到单位人力资源部。

回　执

　　本人_____ 于_____年___月___日收到单位解除劳动合同通知书，知晓相关事宜，同意解除劳动合同关系。请单位相关部门给予本人办理档案转接、社会保险关系转接手续、解除劳动关系证明出具和工资结算。

　　（单位收到回执后，人力资源部将通知财务做工资结算。无回执的，财务不予结算工资，并视个人放弃此权益）

离职证明（单位留存）范本

　　兹证明员工_____，身份证号：_____，自_____年___月___日入职，在我单位担任_____（部门）的_____岗位，由于_____原因提出辞职，现已交接完工作，于_____年___月_____日以书面形式解除期间的劳动关系。甲方按单位相关制度为乙方结清工资。员工在职工作期间无不良表现，工作良好，同事融洽。经单位慎重考虑准予离职，已办理完交接手续。从即日起所做的一切行为，均与本单位无关。

　　该员工在辞职后，无须履行竞业禁止与限制协议义务；未经我单位书面许可，不得向任何单位和个人透露我单位商业秘密和其他经营秘密。

　　特此证明！

（单位盖章）

日期：_____年___月___日

157

离职证明（员工留存）范本

　　兹证明员工_____，身份证号：_____，自_____年____月____日入职，在我单位担任_____（部门）的_____岗位，由于_____原因提出辞职，现已交接完工作，于_____年____月____日以书面形式解除期间的劳动关系。甲方按单位相关制度为乙方结清工资。员工在职工作期间无不良表现，工作良好，同事融洽。经单位慎重考虑准予离职，已办理完交接手续。从即日起所做的一切行为，均与本单位无关。

　　该员工在辞职后，无须履行竞业禁止与限制协议义务；未经我单位书面许可，不得向任何单位和个人透露我单位商业秘密和其他经营秘密。

　　特此证明！

（单位盖章）

日期：_____年____月____日

培训效果评估表范本

培训课程名称	培训日期	培训人员姓名	部门及职务

您好，非常感谢您参加本次培训，烦请您认真填写以下问卷（请在您认可的方格内画"√"）。衷心感谢您的支持！

培训评价					
课程内容	很满意	满意	尚可	不满意	很不满意
课程安排合理程度	□5 分	□4 分	□3 分	□2 分	□1 分
课程内容的深度和理解性	□5 分	□4 分	□3 分	□2 分	□1 分
内容与主题切合度	□5 分	□4 分	□3 分	□2 分	□1 分
培训能结合实际，具有指导意义	□5 分	□4 分	□3 分	□2 分	□1 分
课程内容对于个人发展的帮助程度	□5 分	□4 分	□3 分	□2 分	□1 分
课程内容对于实际工作的帮助程度	□5 分	□4 分	□3 分	□2 分	□1 分
培训讲师表达技巧及讲授能力	□5 分	□4 分	□3 分	□2 分	□1 分
培训讲师对学员提问是否作出回答与指导	□5 分	□4 分	□3 分	□2 分	□1 分
课程内容对于实际工作的帮助程度	□5 分	□4 分	□3 分	□2 分	□1 分
您的收获与感悟：					
您的建议或意见：					

师徒培训协议范本

导　师：

徒　弟：

为了确保单位管理水平的提升，推进管理队伍的迅速发展，根据单位的要求培养和储备优秀人员，特制定本协议。

一、组织管理

用人部门负责人：负责提升部门的管理能力，培养本岗位的接班人，培养优秀人才能力的全面提升；负责制订培养计划；负责推进计划的执行；负责完成接班人的能力评估。

人力资源部：组织督促培养计划的制订；负责解决用人部门负责人培养计划执行过程中存在的问题；负责跟踪、考核整个培养的有效性；负责评审接班人的能力；负责单位整体后备团队的管理；负责组织管理能力提升的培训。

二、导师任职要求

1. 思想品德修养良好，工作责任心强。

2. 有较高的专业水平，能解决本专业日常工作中的业务难题。

3. 有较强的业务能力，能用实绩征服团队。

4. 具有较强的影响力，愿意交流，注重分享。

5. 有较强的管理创新能力，主导开展管理创新课题的研究。

6. 具备单位的培训导师资格。

三、职责和义务

导师：传授知识、技术，帮思想、带作风。对徒弟的业务能力缺什么补什么，严格训练，严格要求；要结合任务进行技能的传授，切实把技术、技能传授给徒弟；要在传授技艺的同时，把优良作风、职业道德传给徒弟；特别是在管理能力上，把管理的理念和管理的风格潜移默化传递给徒弟；还要积极关心徒弟的日常生活；制订详细的教学计划；提出管理创新课题，带领徒弟一起研究；对日常教学活动要认真记录，确保培养计划完成。

徒弟：要尊重导师，勤奋学习，提高思想道德素质，把导师的思想、作风、技术、管理学到手，做好学习笔记和总结，在学习过程中善于提出问题，积极思考解决问题的办法。

四、实施规定

1. 确定成为接班人计划的人选，可进行师徒协议的签订。

2. 对于培养方式采用师徒式的培训方式，在岗学习提升。

3. 培训周期为 6 个月，培训结束后，师徒双方要提交总结。

4. 导师每月 _____ 元的津贴，培训期满评审合格者，单位将一次性发放导师费。对未通过考核者，取消导师津贴。

5. 考核评估。由导师提出合格申请，提交人力资源部，组织相关人员进行评估考核。

×× 部 导 师 （签字）： _____ 日期： _____ 年 ___ 月 ___ 日

徒　　　弟 （签字）： _____ 日期： _____ 年 ___ 月 ___ 日

人力资源部 （签字）： _____ 日期： _____ 年 ___ 月 ___ 日

部门和岗位目标分解表范本

	目标	指标	责任人	时间进度	备注
单位					
部门					
岗位					
目标要符合 SMART 原则，目标不超过 5 个					

中层骨干员工综合能力评估标准范本

评价项目	评分标准	
工作能力	120~150	具备扎实的本岗位专业知识；非常善于学习，能不断提出新想法、新措施，质量意识强，注重精益管理和工作方法改进，能够创建和谐的工作环境
	100~120	有较充实的本岗位专业知识；工作中能够努力学习，能够提出有价值的新想法、新措施与新的工作方法，协调能力强
	60~100	有一定的岗位专业知识；对相关知识了解不够，不善于学习，较少提出有价值的新想法、新措施与新的工作方法，协调能力一般
	<60	尚未全面掌握本专业知识；不注重学习和改进工作方法，因循守旧、墨守成规，无创新意识，无协调能力
执行能力	120~150	高效执行单位下达的指令
	100~120	准确理解上级意图，严格执行上级指令
	60~100	严格执行各项规章制度，自觉执行各项指令
	<60	执行过程中有偏差，有令不行，屡教不改，拒不改正
亲和能力	120~150	有一定的交往技巧和亲和魅力，促成同事和客户的合作关系，能够将与他人交往的经验和技巧与下属分享
	100~120	与人交往时，态度积极、乐观，并能很好地把握交谈的气氛，耐心解决客户和同事遇到的问题，并提供一些建设性的参考意见
	60~100	与人交往，始终有一种谦和的态度，在倾听别人讲话时，从不打断别人
	<60	脾气暴躁，不易与人相处，面上一套、背后一套

续表

评价项目		评分标准
应变能力	120~150	能够充分把握变化背后的根本原因,并能够提前采取行动,以降低不利变化出现的可能性,正确预见变化发生的可能性,并能够于变化发生时快速地认识到客观环境变化为团队或单位带来的市场机会
	100~120	充分了解工作环境变化的特点,清楚该变化对个人、团队或单位造成的影响,能够根据变化适时对自己及整个团队的工作流程、方法、资源分配作出有效调整
	60~100	能够意识到工作环境的变化,并对变化有所准备,面对变化较为冷静,没有明显的不适应,能够找到变化的原因,并能根据工作经验改善自己和团队的工作流程和工作方法
	<60	不敢正视变化,不敢克服工作困难,不思考变化和应对的策略
工作态度	120~150	爱岗敬业,主动承担本岗位工作,挑战较高目标,着眼于单位全局利益,能主动协助同事出色地完成工作。严格遵守单位的规章制度,主动纠正不良行为,成为员工的模范
	100~120	热爱本职工作,能承担本职外工作,注重自我提升,并能设定较高工作目标。能着眼于单位全局利益,与同事保持良好的合作关系。遵守单位的规章制度,听从指挥并为形成良好工作秩序而努力
	60~100	工作热情一般,推一推、动一动,偶尔能承担本职外的工作。较少着眼于单位全局利益,根据同事的请求能提供一般协助,基本能遵循单位规章制度,但组织、纪律观念不强
	<60	工作缺乏热情,不主动。对问题熟视无睹,没有研究业务的热情。不考虑单位全局利益,不能积极响应同事的请求或协助任务的完成质量较差。有违纪行为和不服从管理、不听从指挥的现象

续表

评价项目	评分标准	
团队管理	120~150	能够根据单位的战略目标制定团队建设的目标，并能够使其在全体成员中达成共识，形成共同的愿景。承传优秀的团队文化，自觉践行单位文化。采取一定激励手段，提高团队成员的工作积极性，并结合实际制定相应的激励机制，保障团队绩效持续达成
	100~120	关注团队工作成果的同时，能够最大限度地凝聚团队力量。根据团队成员特点，有针对性地分配任务，确保组织目标的达成
	60~100	了解一定的任务分配知识，并能够在执行过程中对任务进行适当的跟踪。根据团队成员反映的意见，为团队成员提供及时、有效的指导和帮助。能够积极参与团队合作，有意识地鼓励团队成员参与讨论，促进团队内部沟通与合作
	<60	下级满意度较差，团队中出现不和谐的声音，固执己见、听不进建议，对下属的问题漠视

绩效协议范本

单位名称：

员　　工：

根据单位的《薪酬管理办法》，单位与员工充分协商，就员工在单位任职期间的相关事项，双方本着平等互利、真实意愿的原则，协议如下：

1. 协议前提

（1）根据管理需要，单位明确告知员工工作内容、工作要求、考核办法、工作条件、工作地点、职业危害、安全生产状况、劳动报酬、规章制度以及员工要求了解的其他情况。

（2）员工已经认真阅读《岗位说明书》《岗位作业指导书》《绩效考核标准》，已知晓其工作内容、工作要求、考核指标及办法、工作条件、工作地点、职业危害、安全生产状况、劳动报酬、规章制度、录用条件、岗位要求以及其他相关情况，并愿意接受单位安排的工作，受雇于单位不违反其任何约定或法定义务。员工具备完全民事行为能力，并承诺将严格履行职责、服从管理、接受考核，将个人智慧奉献给单位，与单位共同发展。

（3）员工保证除提供的材料信息真实、合法，同时还保证有能力胜任工作岗位。

2. 协议期限

（1）本协议与劳动合同的签订同步进行，作为劳动合同的附件之一，同样具有法律效力。

（2）协议期限届满或约定的终止条件出现，本协议应即终止执行。

（3）本协议是《绩效管理制度》的附件之一，对明确绩效的完成具有强化作用。要求员工必须按照《绩效考核标准》，认真完成各项目标和任务。

（4）本协议自签订日期起有效期为一年，到期再进行续签。未进行续签的，没有奖励的标准。

3. 绩效奖励的标准及定义

（1）绩效奖励标准为：＿＿＿＿＿元，大写：＿＿＿＿＿元。

（2）绩效奖励定义：绩效评估体系是对组织内部流程输入端、输出端关键参数进行设置、取样、计算、分析，衡量流程绩效的一种目标式量化管理的过程。绩效评估体系的建立是为了清晰单位的目标，明确前进的方向，指引和调整部门与员工的奋斗轨迹，通过关键指标 KPI 与目标管理 OKR 进行有效结合，使业务指标的指向更加数值化、规范化，从而达到绩效管理的有效性，更是鉴定员工完成工作有效性的工具。为了激励员工的工作积极性，单位按照岗位的性质和难易程度，设立相应的绩效奖励标准，员工认真履行工作，按完成情况获得绩效奖励的具体金额。

绩效奖励包含员工在岗位期间所有的因完成本职工作所付出的各种辛劳、加班及各项津贴的总和。

（3）绩效奖励标准是一个基础，需要与完成工作的绩效考核结果相对应，也就是绩效奖励标准与绩效系数相乘得到具体的奖励金额。绩效系数等于绩效考核结果的百分比。

4. 单位权利与义务

（1）员工的绩效奖励标准由入职时根据其职级和专业等级进行确定。

（2）各方面特别优秀，业绩较好的员工，可打破系数为 1 的标准。

（3）人力资源部每季度汇总绩效奖励的情况，上报审批，在每季度第一个月的 15 日，通知财务将绩效奖金打入员工账户。

5. 员工权利与义务

（1）员工应当充分了解其《岗位说明书》《岗位作业指导书》

《绩效考核标准》，并做好签收。

（2）员工严格认真履行岗位职责，按工作规范、岗位标准要求保质保量完成单位下达的各项工作任务与指标，接受考核。

（3）员工应当服从单位管理，遵守各项管理制度与规定。

（4）员工在协议期限内，出现休事假一周以上的，病假两周的，当月不具备绩效奖励考评资格，即当月绩效奖励为零。

6. 协议的变更或解除、终止

（1）劳动合同关系出现解除或终止的，该协议自行解除。

（2）员工的职级发生变化，绩效奖励标准随之变化，具体按单位下发的《调整通知单》执行。

（3）本协议双方签字后生效，一式两份，各执一份。

甲方：（公章）　　　　　　乙方：（签字）

签订日期：　　年　月　日　　签订日期：　　年　月　日

劳动合同范本

合同编号：

甲方：

地址：

主要负责人（委托代表人）：

联系电话：

乙方姓名：　　　　　性别：

身份证号码：

联系电话：

家庭住址（含邮编）：

户口所在地：　　　　区　　　街道（乡镇）

户口性质：

紧急联系人：　　　　　联系电话：

根据《中华人民共和国劳动法》《中华人民共和国劳动合同法》和有关法规、规章，甲乙双方经平等协商一致，自愿签订本合同，共同遵守本合同条款：

一、合同期限

本合同于＿＿＿年＿＿月＿＿日生效，其中试用期自＿＿＿年＿＿月＿＿日至＿＿＿年＿＿月＿＿日止。本合同于＿＿＿年＿＿月＿＿日终止，有效期＿＿＿年。

二、工作安排

1. 根据甲方工作需要和乙方自身技能特点，甲方聘用乙方在＿＿＿部门从事＿＿＿＿＿＿＿岗位（工种）工作，工作地点在＿＿＿＿＿范围内。

2. 乙方工作内容界定以《岗位说明书》《岗位作业指导书》

169

《绩效考核表》和甲方布置的阶段性或临时性工作要求为准。

3. 甲方有权根据经营和工作需要以及乙方的能力和表现，安排和调整乙方工作。乙方须服从甲方的管理和安排，并按照新岗位职责完成甲方指派的任务。

三、工作时间与休息休假

1. 甲方实行标准工作制，每日工作不超过 8 小时，每周工作不超过_____小时。

2. 乙方应在规定的正常工作时间内完成本职工作，甲方不鼓励乙方加班。甲方安排乙方加班，应符合法律、法规的规定。甲方日常安排乙方延长工作时间又不能安排补休的，应支付不低于工资的150%的工资报酬；甲方安排乙方休息日工作又不能安排补休的，应支付不低于工资200%的工资报酬；甲方安排乙方法定节假日工作的，应支付不低于工资的300%的工资报酬。

3. 休息休假按单位的考勤管理规定进行。

四、劳动报酬

1. 双方根据甲方《薪酬管理制度》规定确定乙方岗位工资。甲方根据乙方现任职务和工作岗位，工资为_____元/月（其中基本工资为 _____元，岗位工资 _____元，职务工资____ _____元），试用期工资为80%。个人所得税由乙方承担，并由甲方代扣代缴。

2. 甲方每月____日支付乙方劳动报酬，遇不可抗力导致延迟支付须提前 1 个工作日说明。

五、社会保险和福利待遇

1. 甲方应根据国家和地方政府规定为乙方办理社会保险并缴纳有关费用，乙方应缴费用由甲方从乙方工资中代扣代缴。

2. 甲方可根据乙方服务时间、岗位特点酌情核发季度绩效奖励、年度津贴、职务津贴以及其他福利待遇。

3. 甲方将根据社会经济增长水平和自身发展状况适时调整整

体薪酬水平、完善员工福利制度。

六、知识产权、商业秘密和竞业限制条件

1. 乙方在工作期间或利用甲方资源所取得的技术开发成果、创新成果，其知识产权属于甲方。

2. 甲方的技术信息（包括专用技术、技术诀窍、非专利技术成果等）和经营信息（管理诀窍、客户名单、货源情报、产销策略等）属于商业秘密、技术秘密，乙方须保守秘密，不得对外泄露。不得用于个人牟利或者帮助他人牟利，给甲方造成损失的，乙方应赔偿甲方损失。

3. 乙方在职期间，不得在与单位业务有竞争关系的其他单位投资、兼职，不得从事与甲方业务有竞争关系的活动。

4. 乙方离职，属于关键岗位的，须根据甲方规定，签订《保密协议》和《竞业禁止协议》。

七、教育与培训、劳动保护、劳动纪律

1. 乙方任职期间，甲方应对乙方进行职业道德、业务技能、安全生产、劳动纪律和甲方规章制度的教育与培训。

2. 甲方应为乙方提供符合国家规定的安全卫生的工作环境，并为乙方提供必要的劳动工具，制订操作规程、安全卫生制度。

3. 甲方根据生产经营需要，依法制定劳动纪律和规章制度。乙方违反劳动纪律和规章制度，甲方有权根据规章制度进行处理，直至解除劳动合同。

八、劳动合同的变更

有下列情形之一的，甲乙双方应变更劳动合同并及时办理变更合同手续。

1. 甲乙双方协商一致的。

2. 订立本合同所依据的客观情况发生重大变化，致使本合同无法继续履行的。

3. 订立本合同所依据的法律、法规、规章发生变化的，致使本合同无法继续履行的。

九、劳动合同的解除

1. 甲乙双方协商一致可以解除劳动合同。

2. 有下列情形之一的，甲方可以根据劳动法相关规定解除劳动合同。

（1）因甲方业务紧缩、业务重组、机构重组、经营战略调整及因不可抗力造成不利影响而需要裁减人员时。

（2）依照单位破产法规定进行重整的。

（3）生产经营发生严重困难的。

（4）甲方濒临破产处于法定整顿期间需要裁减人员时。

（5）其他因劳动合同订立时所依据的客观经济情况发生重大变化，致使劳动合同无法履行的。

3. 乙方有下列情形之一时，甲方可随时解除劳动合同，但需要提前 30 日以书面形式通知乙方，不支付经济补偿。

（1）乙方患病或非因公负伤，医疗期满后，不能从事原工作，也不能从事甲方另行安排的工作。

（2）乙方不能胜任工作，经过培训或调整工作岗位，仍不能胜任工作的。

（3）本合同订立时所依据的客观情况发生重大变化，致使原合同无法履行，经甲乙双方协商不能就变更劳动合同达成协议的。

（4）国家法律或法规规定的其他情形。

4. 乙方有下列情形之一时，甲方可随时解除劳动合同并不支付经济补偿。

（1）在试用期间被证明不符合录用条件的。

（2）严重违反劳动纪律或甲方规章制度的。

（3）严重失职、营私舞弊造成实际损害的。

（4）签订劳动合同时提供的资料或陈述的情况不真实的。

（5）利用工作时间从事第二职业或未经甲方书面同意利用工作时间为其他单位提供劳动或劳务并收取报酬的。

（6）同时与其他单位建立劳动关系，对完成甲方的工作任务造成严重影响；或者经甲方提出，拒不改正的。

（7）被依法追究刑事责任的。

5. 乙方有下列情形之一时，甲方不得随时解除劳动合同。

（1）从事接触职业病危害劳动者未进行离岗前职业健康检查，或者疑似职业病患者在诊断或者医学观察期间的。

（2）乙方患病或非因工负伤，在规定的医疗期内的。

（3）女员工在孕期、产期、哺乳期内的。

（4）患职业病或者因工负伤并经当地劳动鉴定委员会确认丧失或部分丧失劳动能力的。

（5）在甲方连续工作满十五年，且距法定退休年龄不足五年的。

（6）国家法律或法规规定的其他情形的。

6. 有下列情形的，乙方可以随时解除劳动合同。

（1）甲方以暴力、威胁或非法限制人身自由的手段强迫乙方工作。

（2）甲方不能按照本合同规定支付劳动报酬或提供劳动条件。

7. 乙方离职前，应按照甲方规章制度中的相关规定做好工作交接。不交接或交接不完全的，给甲方造成经济损失的，乙方按照规定赔偿和依约承担责任。

有下列情形之一时，乙方必须遵守以下约定方可调离。

（1）乙方行为给甲方造成实际经济损失须处理完毕后，以及相关问题调查清楚后，方可调离。

（2）乙方如从事甲方关键岗位的工作，须按规定进行离职审计后，方可调离。

十、劳动合同的终止

有下列情形之一的，本合同终止。

1. 合同期限届满而没有续订的。

2. 乙方达到离休、退休、退职条件的。

3. 乙方死亡或者被人民法院宣告死亡或者宣告失踪的。

4. 甲方被依法宣告破产、解散的。

5. 甲方被吊销营业执照，责令关闭、撤销或者甲方决定提前解散的。

6. 其他可以终止劳动合同的情况。

十一、劳动合同的续订

本合同期限届满前 30 日，甲方应将终止或续订劳动合同意向以书面形式通知乙方。甲乙双方同意续订劳动合同的，应在合同到期前 30 日内办理续订手续。

十二、违约责任

1. 经济补偿，根据劳动者在本单位工作的年限，按每满 1 年支付 1 个月工资的标准向劳动者支付，6 个月以上不满 1 年的，按 1 年计算，不满 6 个月的，向劳动者支付半个月工资的经济补偿。劳动者月工资高于用人单位所在直辖市、设区的市级人民政府公布的本地区上年度职工月平均工资 3 倍的，向其支付经济补偿的标准按职工月平均工资 3 倍的数额支付。向劳动者支付经济补偿的年限最高不超过 12 年。月工资是指劳动者在劳动合同解除或者终止前 12 个月的平均工资。

2. 乙方在签订劳动合同时隐瞒真实情况，导致劳动合同无效或者因此甲方与第三方发生劳动争议，乙方应当承担全部经济的、行政的法律责任，并赔偿甲方的一切损失。

3. 乙方未履行通知义务而擅自离职，或乙方解除合同未按规定时间书面通知甲方，甲方可以顺延至规定通知期后办理解除劳动合同的手续，并保留向乙方要求赔偿实际损失或支付违约金的权利。

4. 乙方违反劳动合同规定，应当向甲方赔偿下列损失。

（1）甲方为录用乙方支付的费用。

（2）甲方为乙方支付的培训费用。

（3）对甲方造成的直接经济损失。

5. 乙方违反保密义务，给甲方造成重大经济损失的，如果乙方立即停止泄密，积极阻止泄密范围扩大，甲方将酌情减少乙方损害赔偿数额。如乙方不履行上述义务，则应赔偿甲方全部的经济损失，且甲方有权给予乙方行政处分、经济制裁和其他处罚。

6. 甲乙双方必须按约履行本合同，不得擅自解除，任何一方违反和擅自解除本合同，给对方造成经济损失的，视其责任大小，应承担经济赔偿、行政和法律责任。

十三、劳动争议处理

本合同依法经双方签字或盖章后具有法律效力，双方必须严格履行，如果发生劳动争议，双方可以协商解决，也可以向本单位的仲裁委员会调解，还可以依法申请当地劳动争议仲裁委员会进行调解、仲裁。对仲裁不服的，可依法向人民法院提起诉讼。

十四、当事人约定的其他内容

甲乙双方约定本合同增加以下内容：岗位说明书、岗位作业指导书、岗位协议、项目协议、绩效考核指标、年终目标责任书等作为本合同的附件，附件与本合同具有同等法律效力。

乙方声明：

十五、其他

1. 本合同未尽事宜双方应协商解决。

2. 订立本合同所依据的法律、法规发生变化时，按国家、所在地区有关规定执行。

3. 本合同一式两份，具有同等法律效力，甲乙双方各执一份，双方应妥善保管，本合同解释权在人力资源部。

甲方：（公章）　　　　　　　　　乙方：（签字）

法定代表人

或委托代表人（签章）

签订日期：　年　月　日　　　签订日期：　年　月　日

劳动合同续订书

本次续订劳动合同期限为＿＿＿＿年，续订合同生效日期为＿＿＿＿ 年＿＿月＿＿日，续订合同终止日期为＿＿＿＿年＿＿月＿＿日。

甲方：（公章）　　　　　　　　　　乙方：（签字）

法定代表人

或委托代表人（签章）

签订日期：　　　年　月　日　　　　　签订日期：　　　年　月　日

劳动合同变更书

经甲乙双方平等自愿、协商同意，对本合同作以下变更：

甲方：（公章）　　　　　　　　　　乙方：（签字）

法定代表人

或委托代表人（签章）

签订日期：　年　月　日　　　　　签订日期：　　　年　　月　　日

177

非全日制劳动合同范本

合同编号：

甲方：

地址：

主要负责人（委托代表人）：

联系电话：

乙方姓名：　　　　　　　　性别：

身份证号码：

联系电话：

家庭住址（含邮编）：

户口所在地：　　　　　区　　　　　街道（乡镇）

户口性质：

紧急联系人：　　　　　　联系电话：

根据《中华人民共和国劳动法》《中华人民共和国劳动合同法》和有关法规、规章，甲乙双方经平等协商一致，自愿签订本合同，共同遵守本合同条款：

一、合同期限

本合同自＿＿＿＿年＿＿月＿＿日至＿＿＿＿年＿＿月＿＿日止，有效期＿＿年。

二、工作内容

根据甲方工作需要，乙方同意从事以下工作内容：＿＿＿＿＿＿。经甲乙双方协商同意，可以变更工作内容。

三、工作要求

乙方按照甲方的要求，按时完成规定的工作内容，达到规定的质量标准。质量标准由甲方另行说明。

四、工作时间和休息休假

1. 每天工作不超过 4 小时，累计每周（月）工作不超过 24 小时。乙方具体工作时间由甲乙双方约定。

2. 休息休假，按约定进行，也可按单位考勤的相关规定进行。

五、劳动报酬

1. 双方约定费用的标准，计酬　　　　元/小时，具体的核定按月度薪酬确认单支付。个人所得税由乙方承担，并由甲方代扣代缴。

2. 甲方每半月支付乙方劳动报酬，遇不可抗力导致延迟支付须提前 1 个工作日说明。

六、社会保险和福利待遇

1. 甲方依照国家和地方的规定，为乙方办理工伤保险和缴纳工作保险费，乙方在合同期内因工负伤享受工伤保险待遇。

2. 乙方不享受正式员工的福利待遇。

七、知识产权、商业秘密和竞业限制条件

1. 乙方在工作期间或利用甲方资源所取得的技术开发成果、创新成果，其知识产权属于甲方。

2. 甲方的技术信息（包括专用技术、技术诀窍、非专利技术成果等）和经营信息（管理诀窍、客户名单、货源情报、产销策略等）属于商业秘密、技术秘密，乙方须保守秘密，不得对外泄露，不得用于个人牟利或者帮助他人牟利，给甲方造成损失的，乙方应赔偿甲方损失。

3. 乙方承诺签订和履行本合同，不存在法律法规禁止或者限制情形，不违反任何乙方与任何第三方签订的协议、合同或其他法律文件的约定，也不违反乙方向任何第三方作出的任何承诺。

4. 乙方可以与一个或者一个以上用人单位订立非全日制劳动合同，但是，后订立的劳动合同不得影响本合同的履行。

八、教育与培训、劳动保护、劳动纪律

1. 乙方任职期间，甲方应对乙方进行职业道德、业务技能、安全生产、劳动纪律和甲方规章制度的教育与培训。

2. 甲方应为乙方提供符合国家规定的安全卫生的工作环境，制订操作规程、安全卫生制度，并为乙方提供必要的劳动工具。

3. 甲方根据生产经营需要，依法制定劳动纪律和规章制度，乙方违反劳动纪律和规章制度，甲方有权根据规章制度进行处理，直至解除劳务合同。

九、劳动合同的变更、解除和终止

有下列情形之一的，甲乙双方应变更劳动合同并及时办理变更手续：

1. 甲乙双方协商一致的。

2. 订立本合同所依据的客观情况发生重大变化，致使本合同无法继续履行的。

3. 订立本合同所依据的法律、法规、规章发生变化的，致使本合同无法继续履行的。

4. 合同到期自然终止。

5. 甲方被依法宣告破产、解散的，合同终止。

6. 甲方被吊销营业执照、责令关闭、撤销或者甲方决定提前解散的，合同终止。

7. 甲乙双方如需解除劳动合同的，必须提前30天以书面形式通知对方，如因工作不符合要求终止用工，甲方不向乙方支付经济补偿。如因乙方未提前通知甲方擅自终止合同的，产生的损失由乙方进行赔偿（包含但不限于：甲方为录用乙方支付的费用，甲方为乙方支付的培训费用）。

十、违约责任

1. 劳动合同终止的无经济补偿。

2. 乙方在签订劳动合同时隐瞒真实情况，导致劳动合同无效

或者因此甲方与第三方发生劳动争议，乙方应当承担全部经济的、行政的法律责任，并赔偿甲方的一切损失。

3. 乙方未履行通知义务而擅自离职，或乙方解除合同未按规定提前 30 天书面通知甲方，乙方需要赔偿甲方的实际损失或支付违约金。

十一、劳动争议处理

本合同依法经双方签字或盖章后具有法律效力，双方必须严格履行，如果发生劳动争议，双方可以协商解决，也可直接向人民法院提起诉讼。

十二、当事人约定的其他内容

甲乙双方约定本合同增加以下内容：

附件与本合同具有同等法律效力。

乙方声明：

十三、其他

1. 本合同未尽事宜双方应协商解决。

2. 订立本合同所依据的法律、法规发生变化时，按国家、所在地区有关规定执行。

3. 本合同一式两份，具有同等法律效力，甲乙双方各执一份，双方应妥善保管，本合同解释权在人力资源部。

甲方：（公章）　　　　　　　乙方：（签字）

法定代表人

或委托代表人（签章）

签订日期：　年 月 日　　　签订日期：　年 月 日

劳务合同范本

合同编号：

甲方：

地址：

主要负责人（委托代表人）：

联系电话：

乙方姓名：　　　　　　　性别：

身份证号码：

联系电话：

家庭住址（含邮编）：

户口所在地：　　　　区　　　　街道（乡镇）

户口性质：

紧急联系人：　　　　　联系电话：

根据《中华人民共和国劳动法》《中华人民共和国劳动合同法》和有关法规、规章，甲乙双方经平等协商一致，自愿签订本合同，共同遵守本合同条款：

一、合同期限

本合同自＿＿＿＿年＿＿月＿＿日至＿＿＿＿年＿＿月＿＿日止，有效期＿＿＿＿年。

二、工作内容

根据甲方工作需要，乙方同意从事以下工作内容：＿＿＿＿＿＿＿＿＿＿。

经甲乙双方协商同意，可以变更工作内容。

三、工作要求

1. 乙方可按照用工单位书面公布的工作内容和岗位要求，按时完成合理定额，并达到规定的质量标准。

2. 乙方应当积极参加实际用工单位的职业技能培训，努力胜任劳动合同约定的岗位工作要求。

3. 实际用工单位因生产经营或调整劳动组织需要，需要调整或调动乙方工作岗位的，应由甲方征求乙方的意见，并与乙方协商一致。

四、工作时间和休息休假

1. 工作时间：每天工作不超过____小时，每周（月）工作不超过____小时。

2. 实际用工单位因工作需要必须安排乙方延长工作时间或在法定节假日加班，按国家规定支付加班工资或安排补休，加班工资由实际用工单位直接发放，不包括在劳务费中。

3. 休息休假，按单位的考勤制度执行，需要特别注明的，可进行注明。

五、劳动报酬

1. 双方约定费用的标准，劳务费总额为_____元/月，个人所得税由乙方承担，并由甲方代扣代缴。

2. 甲方每月_____日支付乙方劳动报酬，遇不可抗力导致延迟支付须提前1个工作日说明。

六、社会保险和福利待遇

1. 社会保险由劳务派遣单位承担，本单位不承担任何社会保险等内容。

2. 可享受正式员工的福利待遇，也可进行微调。

七、知识产权、商业秘密和竞业限制条件

1. 乙方在工作期间或利用甲方资源所取得的技术开发成果、创新成果，其知识产权属于甲方。

2. 甲方的技术信息（包括专用技术、技术诀窍、非专利技术成果等）和经营信息（管理诀窍、客户名单、货源情报、产销策略等）属于商业秘密、技术秘密，乙方须保守秘密，不得对外泄露，不得用于个人牟利或者帮助他人牟利，给甲方造成损失的，乙方应赔偿甲方损失。

3. 乙方在职期间，不得在与单位业务有竞争关系的其他单位投资、兼职，不得从事与甲方业务有竞争关系的活动。

八、教育与培训、劳动保护、劳动纪律

1. 乙方任职期间，甲方应对乙方进行职业道德、业务技能、安全生产、劳动纪律和甲方规章制度的教育与培训。

2. 甲方应为乙方提供符合国家规定的安全卫生的工作环境，制订操作规程、安全卫生制度，并为乙方提供必要的劳动工具。

3. 甲方根据生产经营需要，依法制定劳动纪律和规章制度，乙方违反劳动纪律和规章制度，甲方有权根据规章制度进行处理，直至解除劳务合同。

九、劳务合同的变更、解除和终止

有下列情形之一的，甲乙双方应变更劳务合同并及时办理变更手续。

1. 甲乙双方协商一致的。

2. 订立本合同所依据的客观情况发生重大变化，致使本合同无法继续履行的。

3. 订立本合同所依据的法律、法规、规章发生变化的，致使本合同无法继续履行的。

4. 合同到期自然终止。

5. 甲方被依法宣告破产、解散的，合同终止。

6. 甲方被吊销营业执照、责令关闭、撤销或者甲方决定提前解散的，合同终止。

十、违约责任

1. 劳务合同终止的无经济补偿。

2. 乙方在签订劳务合同时隐瞒真实情况，导致劳务合同无效或者因此甲方与第三方发生劳动争议，乙方应当承担全部经济的、行政的法律责任，并赔偿甲方的一切损失。

3. 乙方未履行通知义务而擅自离职，或乙方解除合同未按规定时间书面通知甲方，乙方需要赔偿甲方的实际损失或支付违约金。

十一、劳动争议处理

本合同依法经双方签字或盖章后具有法律效力，双方必须严格履行，如果发生劳动争议，双方可以协商解决，也可直接向人民法院提起诉讼。

十二、当事人约定的其他内容

甲乙双方约定本合同增加以下内容：

附件与本合同具有同等法律效力。

乙方声明：

十三、其他

1. 本合同未尽事宜双方应协商解决。

2. 订立本合同所依据的法律、法规发生变化时，按国家、所在地区有关规定执行。

3. 本合同一式两份，具有同等法律效力，甲乙双方各执一份，双方应妥善保管，本合同解释权在人力资源部。

甲方：（公章）　　　　　　　乙方：（签字）

法定代表人

或委托代表人（签章）

签订日期：　　年 月 日　　签订日期：　　年 月 日

实习协议范本

合同编号：

甲方（用人单位）：

地址：

乙方（实习生）姓名：　　　　　性别：

身份证号码：

联系电话：

所在学校：　　　　　专业：

紧急联系人：　　　　　联系电话：

乙方为了提高自身专业知识与工作实践，自愿到甲方单位实习，为明确双方的权利和义务，经协商一致特签订如下协议：

一、实习要求

乙方应如实向甲方提供本人实际情况，并根据甲方要求出具相关有效证明（如身份证、体检证明等），如乙方提供的身份证、体检证明等资料有弄虚作假或欺骗甲方之事实，则甲方可随时解除本协议。

二、实习期限

1. 实习时间自＿＿＿年＿＿月＿＿日至＿＿＿年＿＿月＿＿日。

2. 实习期满后，即使乙方已领取毕业证书，甲方也无义务必须录用其为正式员工；如经双方协商愿意建立劳动关系的，则甲方将优先录用乙方为正式员工。

三、实习岗位及工作时间

1. 甲方根据客观情况并结合乙方的专业知识和个人能力，合理安排乙方在不同或同一实习部门进行实习，其岗位职责和工作要求按实习部门有关规定执行。

2. 乙方同意甲方和实习部门可根据工作需要或根据其工作表现和能力，变动乙方的实习岗位。

3. 乙方承诺按时完成规定的工作数量、达到规定的质量标准，并同意认真、主动、及时地完成甲方安排的其他工作内容和任务。

4. 乙方工作时间按实习部门的有关规定执行，实习部门延长乙方工作时间的，乙方将获得调休或加班工资，乙方应积极配合实习部门安排的加班工作。如乙方因工作需要须延长工作时间的，应按单位规定填写加班申请单，经部门主管审批后方可加班，未经审批确认的，不视为加班，亦不得作为调休依据。

四、实习管理

1. 实习期间甲方指定部门主管负责乙方的日常管理，实习期满以后，应对乙方的实习表现作出客观鉴定。

2. 如果实习期内，乙方不符合甲方的工作标准，甲方有权随时提出解除本协议且无须支付任何补偿或赔偿。

3. 在实习期间，若乙方未按规定作业、违反甲方规章制度或违反法律法规规定，导致伤害事故或任何民事、刑事纠纷或赔偿发生的，全部责任由乙方自行承担。

4. 实习期间乙方应遵守的规定

（1）乙方应遵守国家的法律法规，否则甲方有权依法解除本协议。

（2）乙方应遵守甲方的规章制度、劳动纪律及管理规定，如有违反的，甲方有权随时解除本协议。

（3）乙方应遵守甲方的操作规程，如有违反造成甲方财物等损失，乙方应承担相应赔偿责任。

（4）乙方有违反劳动纪律或甲方规章制度、严重失职、对甲方利益造成重大损失或被依法追究刑事、民事责任等行为的，甲方有权无偿予以辞退。

（5）乙方同意并承诺在实习期间不乘坐无营业执照的一切车

辆（包括且不限于摩的、三轮车、电瓶车、私家车等），如因乙方违反本条约定给自身或他人造成损失的，甲方不承担任何责任。

（6）乙方同意并承诺如乙方在非工作时间或非工作场地或因非工作原因所产生的一切人身事故、伤害或其他经济及法律责任均由乙方自愿承担，与甲方无关。

五、实习报酬

甲乙双方一致确认，乙方实习工资为人民币_____元，实习期间，不享受正式员工的津贴待遇，如实习部门的工资制度发生变化或乙方的工作岗位变动，乙方同意按换岗后的工资标准执行。

六、劳动保护

1. 甲方需为乙方提供符合国家规定的安全卫生的工作环境，保证其在人身安全不受危害的环境条件下工作。

2. 甲方根据乙方实习岗位实际情况，按国家规定向乙方提供必需的劳动防护用品。

3. 甲方将在实习期内为乙方购买商业保险，当实习协议终止或解除后，该保险自然停止。实习期间，如乙方发生意外事故，该商业保险理赔所获得的费用抵充甲方依照法律规定应承担的费用。

七、保密约定

乙方应爱护甲方的财产，保守国家秘密和保守甲方的经营技术、生产、财物、人事、业务等商业秘密。经甲方要求后，乙方应及时与甲方签订保守商业秘密协议。

八、知识产权

在实习期间，乙方利用甲方生产设备或物质条件所开发的项目成果所有权属于甲方。

九、协议终止与解除

1. 双方协商一致，协议可提前终止。

2. 协议期满自然终止。

3. 实习期间乙方违反本协议第四条第四款约定情形的，除甲方选择解除本协议外，甲方也可根据具体情况对乙方作出警告、通报等处理。

4. 实习期间乙方在说明原因并取得甲方同意的情况下，可以与甲方解除协议。

十、有下列情况之一的，甲方有权调整或变更乙方的实习岗位

1. 因乙方身体状况不适宜继续工作或调整劳动组织需要。

2. 根据乙方的工作能力及表现，不适宜在原实习岗位继续工作的。

3. 因不可抗力的因素或其他客观情况变化，导致乙方不能继续在原实习岗位工作的。

十一、双方约定的其他事项

1. 甲方的《员工手册》等相关管理办法、规章制度、规定及《保密协议》作为本协议的附件，不可分割，不可分开解释，并具有同等法律约束力。

2. 针对乙方在甲方处实习问题，乙方承诺已告知所在学校并已征得学校同意，因乙方违反本条约定，给所在学校或乙方本人造成损失或损害的，甲方不承担任何责任且有权随时解除本协议。

十二、本协议未尽事宜由甲乙双方协商解决

因本协议而引起的纠纷，经协商或调解不能解决的，甲乙任何一方均有权向人民法院提起诉讼。

本协议一式二份，甲、乙双方各执一份。本协议经甲乙双方签字盖章后生效。

甲方：（公章）　　　　　　　　乙方：（签字）

法定代表人

或委托代表人（签章）

签订日期：　年　月　日　　　签订日期：　年　月　日

任免通知范本

××××××××××××××

文　件

××发〔×××〕×××号

关于人事任免的通知

单位各部门：

　　为适应新形势下单位发展需要，充实管理层，强化各板块职能，细化管理，实现高效、专业的管理目标，经领导研究决定，对×××、×××两位同志任命如下：

　　一、任命×××、×××为副主管，协助秘书长开展工作，全面负责本部门的管理工作。

　　二、以上人员的原职务自然免除。

　　以上任免决定自下文之日起执行。

＿＿＿＿＿＿＿＿＿＿单位

＿＿＿年＿＿月＿＿日

主题词：人事　　　人事任免　　　通知　　　（共印 1 份）

印　发：　　　年　月　日

嘉奖通知范本

××××××××××××××
文　件
××发【×××】×××号
嘉奖通知

单位各部门：

因＿＿＿＿原因，按照单位的奖励制度第＿＿＿章第＿＿＿条，经领导研究决定，对×××、×××两位同志进行嘉奖，并进行通报表扬，决定如下：

一、

二、

希望广大员工以此为榜样，努力赶超。

以上嘉奖决定自下文之日起执行。

＿＿＿＿＿＿＿＿＿＿＿＿＿单位

＿＿＿＿＿年＿＿＿月＿＿＿日

主题词：人事　　　人事任免　　　通知　　　（共印1份）

印　发：　　　年　　月　　日

处罚通知范本

事件时间：

事件主体：

事件原因：

处罚决定：

_____年___月___日，单位_____部出现_____事故，造成严重的经济损失，影响恶劣。经查，此次事故系人为失误所导致。为了规范员工生产行为，根据单位《奖惩管理制度》，现决定对以下人员作出如下处罚决定：

1. 事故直接责任人×××，

2. 事故间接责任人×××、×××，

3. ×××主管、×××副主管对事故负有领导管理责任，各处罚款_____元。

纠正措施：

望各位员工引以为戒，特此通知！

_____单位

_____年___月___日

员工处罚通知单范本

处罚事件		处罚金额	
被处罚部门		被处罚岗位	

处罚事件：

处罚依据：

处罚意见：

人力资源部：

日期：＿＿＿＿年＿＿＿月＿＿＿日

财务部：

日期：＿＿＿年＿＿＿月＿＿＿日

秘书长：

日期：＿＿＿年＿＿＿月＿＿＿日

图书在版编目（CIP）数据

全国学会办事机构人力资源管理百问 / 中国科协学
会服务中心编 . -- 北京：中国社会出版社，2023.10
ISBN 978-7-5087-6945-5

Ⅰ . ①全 ...　Ⅱ . ①中 ...　Ⅲ . ①学会—办事处—人力资
源管理—中国—问题解答　Ⅳ . ① D638-44

中国国家版本馆 CIP 数据核字（2023）第 179348 号

出 版 人：程　伟　　　　　　　　终 审 人：李新涛
策划编辑：孙武斌　　　　　　　　责任编辑：杨春岩
责任校对：朱永玲　　　　　　　　封面设计：时　捷

出版发行：中国社会出版社　　　　地　　址：北京市西城区二龙路甲 33 号
邮政编码：100032　　　　　　　　编 辑 部：(010)58124829
网　　址：shcbs.mca.gov.cn　　　发 行 部：(010)58124864；58124848
经　　销：新华书店

印刷装订：中国电影出版社印刷厂　开　　本：170 mm×240 mm　1/16
印　　张：13.25　　　　　　　　　字　　数：162 千字
版　　次：2023 年 10 月第 1 版　　印　　次：2023 年 10 月第 1 次印刷
定　　价：58.00 元

中国社会出版社微信公众号　　　　　中国社会出版社天猫旗舰店